檜垣立哉 HIGAKI Tatsuya
村瀬 鋼 MURASE Ko 編著

哲学という地図

松永哲学を読む

Dessiner les plans de la vie:
La philosophie de
Sumio Matsunaga

keiso shobo

本書について

本書は松永澄夫の哲学をめぐる論文集である。

松永は哲学者である。その仕事はフランス哲学研究から始まるが、或る時期から哲学者研究や哲学史研究は脇に置かれて、いわば端的な哲学研究が中心を占めるようになる。知覚、行為、自我、身体、感情、記号、言語、制度、科学、哲学、生命、環境、食、等々、その多様な主題の数々は松永が既に哲学史中に見出して扱っていたものでもあるのだが、松永はそれらについて、哲学者や哲学史の引用や参照なしに、何よりも生活者の日常経験をこそ原典に据えて、きっぱりと自分自身の言葉のみで掘り下げ語り抜こうとする。現在なおも精力的に展開されつつあるこの企ては、松永自身が「自分が書き込まれた地図を描くこと」とも形容する、人の経験世界全体の骨格の筋道立った描出、その多層的な試みであり、そこにはまさに「松永哲学」と呼ばれるべき個性的で細部に富んだ哲学の姿がはっきりと浮かび上がっている。その文章は該博な知識に裏付けられながらも専門用語を排して平明で、大学入試問題の題材にも多数採用されている。

本書の企ては、私たち自身の地図作成へと向けて、松永哲学が現時点までに提示している頼りがいのある地図の細部を実地に合わせて辿り直してみること、あるいはまた、この地図を一つの土地と見立て、これについて、その肥沃さを活用すべく新たな地図を重ね書いてみることにある。

松永は一九八五年から二〇一〇年までの二五年間、東京大学の哲学研究室に籍を置いて教鞭をとり、多くの弟子たちを育てた。本書の執筆者は、この間に松永を指導教官に仰いだ最初期の弟子六名である。

執筆に際して私たちは、松永哲学の祖述に終始するのではなく——そもそもそんな書き方は松永哲学自身の趣旨に反することでもある——、松永哲学に対して最低限批判的な距離をとり、松永哲学が含む多様な線を、各人の個性的なスタイルで引き出してみることを心掛けた。本書の全体を、松永哲学の批判的・発展的な継承の一つの（しかし多様な）試みとしてご覧いただければと思う。

なお松永の著作からの引用は原則的に『書名』と頁とで本文中に示した。巻末の著作目録も参照いただければ幸いである。

哲学という地図

松永哲学を読む

目次

目次

目次

序

檜垣立哉

哲学者が、一介の「哲学史祖述者」でなく、真の思考する哲学者であるためには、その人独特のスタイルがあるべきである。それは固有の思考法でもありうるだろうし、文体でもありうるだろう。あるいは一切「書かない」ということもまた、スタイルのなかには含まれる。

日本における、もともと古来より存在した思考の流れ（それはアジア圏に属する文化的宗教的文脈と、この列島で個別に発生した諸契機との複合体であるに違いない）を引き継いで、明治期以降、実際には接ぎ木のように形成された「哲学」というエクリチュールのジャンルにとって、日本語で書くことの特殊性と、哲学という学そのものが要請する普遍性とをどのように折りあわせるべきか、これはいうまでもなく、さまざまな書き手に対して大きな問いとして突きつけられてきた問題である。私は個人的には、西田幾多郎・廣松渉・坂部恵などを、自らが日本語で物を書くときどうしても参照せざるをえない人物であると考えているが、その前二者が、常識的にいえば極端に読みにくく、また日本語としてもとても普通ではない文体を駆使していたことは看過することができない。哲学に独自の読みにくさというものは、往々にして非難されるように、何も衒学趣味や高踏的な振る舞いの帰結なのではなく、実際には、実直に「現実」を「自らが背負ってきた言語で表現」しようとすることの、ある場合にはそこでとても無理な事態すら含んだ試みをなさざるをえないことの産物である場合が多いようにおもわれる。

＊

さて、松永澄夫先生（ここでは敢えて、個人的な語り口にならざるをえないので、先生と表記する。この序と、村瀬鋼による結以外では、論文スタイルということを考慮して、敬称は略して「松永」で統一させていただいた）の文章はどうなのかを改めて考えてみる。先生の文章は、おそらくはご本人の意識とはかなりかけはなれていて（失礼！）大変に冗長で読みにくいことを特徴としていると、正直にいわざるをえない（とはいえ、急ぎ付け加えるが、先生の若い時期の幾つかの論文、たとえば「世界の私性格について」や、有斐閣の『テキストブック西洋哲学史』に載っているライプニッツの解説文などは、短いセンテンスに思考が凝縮して詰め込まれ、あたかも内容がはち切れてはみだしそうであり、そうした冗長さがすべてではないことはお断りしておく）。しかし、ここで「冗長で読みにくい」ということは、必ずしも非難めかした言葉なのではない。おそらくそのことは、微視的に生きているこの日常をありのままに見て、そこで一面では自然なものとして一定の秩序をもった存在者やその制度について拡大するように記述するという、松永先生の思考のスタイル自身ときわめて共鳴したものであること、それはそれで大変に理解できることであるからだ。

＊

それは先生の授業においても同様であった。私が先生の授業を聴講したのは、先生が九州大学から東京大学に移られた直後のことであるし、そのあとでは講義にはあまり出たことがないので定かにはいえないのだが、論文と同様に、先生の授業はきわめて冗長で分かりにくいのである。なにしろ「感覚について」というテーマの授業が、突然ビーカーのなかに指をつっこんだときの指にかかる圧力について、あるいはそのときビーカーのなかにある液体が水でなくて水銀であったらどうかについて、松永先生が自分で考えたことを、聞いている方にはいささか文脈の分からない調子で延々としゃべられるのであって、おそらく一般的な哲学の「講義」で、「感覚」について論じられるのとは大きく趣を異にしている。そうでない時もあるのかもしれないが（たぶんその後そうでない場面も多々あったとおもわれるが）、私はいわゆる学説史のようなことは聞いたことがない。しかも、非常に印象的で忘れられないのだが、一度、授業の最中に話が止まってしまって、どうしたのかと見ていると、いやこれは間違っているな、どこで間違えたのかなとか、もごもごといいだし、しばらく黙って立ち止まって、そうだここまで戻ってここであぁだからこうなんだとか、一人で納得されて、話を再開されたときがある（因果性の話だったと記憶している）。こっちはまるで狐につままれたような感じがしてならないが、それは先生が、ともあれ自分の日常的な生の経験から、あらゆる哲学史的な概念にはさしあたりは依拠しないで、物事を語ってみようという試みの表れであることはよく分かるのである（ただし、学生の愚にもつかない「授業評価」なるものに国立大学でさえも浸されてしまった今世紀の大学で、やっぱりなかなかこれを続けるのは難しいと率直におもう）。

＊

こうした試みが先生の思考の中心にあることは、初期の、メーヌ・ド・ビランやデカルトやアンリなどを扱った論文（おもに論文集『哲学史を読むⅠ・Ⅱ』に所収されている）を除いて、その後に書かれた知覚論、記号論、食や環境についての書物等々を見れば一目瞭然のことでもある。先生の記述は、ともあれ自分にとって現れるこの世界を、自分の日常に即するかたちで、自分の意識に現れるままに記述し、そのなかで他者とともに分かちもたれる秩序や制度を腑分けて叙述したいという、非常に強い意志に裏打ちされている。それはあくまでも日常語において日常そのものを、松永先生が生きるその身体や感覚や知覚に従って、それに依拠する世界のシステムの（感覚の、知覚の、言語の、制度の、環境の）成立時点において描きだそうとするものである。だからそこでは、特定の哲学者の特定の術語を、自分の生や経験への裏打ちなしに、あたかも自明の知識であるかのように利用することについての（あるいはそれを解説して何かをいった気になることへの）、きわめて激しい嫌悪感が透けて見える。先生自身が一番嫌いなのは、誰々の何々の概念についてという論文を無反省に生産することそのものである（このことは先生の学生になったら何度も注意されることである）。それは先生自身の格律でもあるのだろう。

しかし、繰り返すが、そうして書かれた松永先生の文章が、読者に読みやすいとはとてもいえない。それは非難すべき事象ではなく、むしろどうしてそうなのかを考えるべきテーマであると私にはおもえる。もちろん実際には先生自身の記述の方法も、ある種の経験論に非常に影響を受けていることは明確なのだから、それもまたひとつのイデオロギーであって、そのことを明示しないで記述を展開するのは正当なのかと問えるかもしれない。実際には、誰々の何々の概念についてという論文の形態をとった方が、読み手の理解が早いこともあるのではないか（実際ご本人にそのようにいったことは何回もあるとおもう）。だがここで述べたいことは、そういうことでもない。平明に語るということが、どうしようもなく読みがたいという事実を招いてしまうし、それはいかにしても仕方がないということがあるといいたいのである。哲学が普遍的な言葉であるのに、しかし普遍を語ろうとする個人は、いろいろな意味で、いろいろな文脈で、いろいろな歴史的背景で、まして日本語で、普遍的なことを語らざるをえない。その困難が露呈している事態を目の当たりにすることが重要なのである。

＊

このことは魅力的に感じるひともいるだろうし、そうでないひともいるだろう。先生の文章のことを自分の学生に話していて、まるで顕微鏡で物事の表面をなぞるように見ていると近視眼の度合いが強すぎて世界がぐにゃりと向こう側に突き抜けてしまうようだと語ったことがある。そして私自身についていえば、先生のテクストには魅力も感じるし、同時にもちろん反発も感じる。そこから影響を受けている部分もあるだろうし、意図的に影響を受けないように（まさに反面教師として）扱ってきた部分もある。それは当然のことであるとおもうのだが、一方で平明に書くことがいかに可能かという課題が、松永的スタイルに露呈されていることは確かであり、それに向かいあうことは、先生のテクストを読む者にとって避けがたい。

＊

こうした姿勢を、いってみれば意固地に保ちつづけた先生の姿勢に、しかし実際は何かの意味で「時代」が反映してはいないか、少し考えてしまうものがある。以下は私の夢想の類である（ご本人は何の関係もないといわれるだろうと想像する）。話半分に読んでほしい。

先生ははじめ理学部の生物学科に入ったのだが途中で文学部に移っている。生命を考えていたら哲学をやらざるをえなくなったという話は聞いたことがあるが、移ったときは、年代的には例の東大闘争の時期と重なっていて大学は大変だったとのことである。大変もなにもおそらく大学は何の機能もしていなかっただろうし、入試すらなくなるという状況のなかで、各人がどう身を振ればいいのか、誰もが自分の問題として突きつけられていたに違いない。

これは多分確かにご本人から聞いたとおもうのだが、あの時代に何をしていたのかという私の問いに、先生は自分は何もしていなかった、ただ見ていただけであったという趣旨のことを話されたことがある。多分、そうなのだとおもう。そして私はその姿勢は、どこか思考にとって決定的な役割を果たしてしまうのではとおもうのである。

あの時代に「何かをしていた」人間は、それでいいのだ。何かを批判するということは、何かを壊すということは分かりやすいことで、そしてさまざまなことがこの時代の人間たちに対していわれてきたように、何かを壊した人間の方がごく平然に、普通の秩序に戻っていって安住する。繰り返すがそれは実に分かりやすいことである。

しかし「何もしない」という行為は、実際には、反抗や破壊にくらべて「健全」ではない。「反抗」という行為は、逆らうようでいて、逆らっている対象をどこかで認めてしまっている。だから「反抗」した者は、平然とそのあとで、同じ権威的姿勢を発揮したりする（こんな情景は世の中どこでもあきるほど観察できる）。しかし何もせずにただ見ている者は、きっとそこで権威や秩序なるものが、それ自身として何の根拠もなかったんだということを無感受であり、ながら理解してしまうのではないか。無感受であることは、批判することではない。批判自身がどうでもいいこと、批判することそのものに意味を認めないこと、そもそもすべてがどうでもいいとおもうこと、これが世界に無感受であるということである。

火炎瓶が飛び交い、放水車が煙幕のようにしぶきを上げる東京大学の情景を見るとき、そこで火炎瓶を投げていた者、抵抗しているとヒロイズムに浸っていた者、はやし立ててそれが終わるとあっさり世間的秩序に回帰していった者は健全である。もっとも傷を負うのは、そこで何かが壊れているのだということを、そのまま感動もなく見ている者ではないのか。それは、この世界の秩序に対する「不信」というよりも、そもそもそんな秩序は本当はどこにもないという「底のなさ」に触れる、何かの経験に近いのではないか。

実際の先生がその場で何をどう考えたのかは、私には分からないし知りえない。しかしこうした現実への無感受は、一種の哲学的なエポケーの前提でもあるようにおもえる。そして、皮膚感覚にも近い日常的な事柄を語りながら、微視的な視点から極限の彼方へという運動に近い現実の描き方をする先生の記述が、どこかでそうした哲学的エポケーともいえる普遍に関わっているように、つまりは信じるべきものなど本当は不在であるという絶対的な無感受につながっているように、私には感じられてならない。繰り返すが逆らうのではないし、意図的に信じないのでもない。もともと信じるいわれなど何もないのだということが、はっと分かってしまうことが重要なのである。

私が先生から学んだ最大のものは（多分に私的で独断的な解釈が混じった）上述のような姿勢である。そしてそれは、個別の文脈で書かれざるをえない哲学の文章が、普遍に届くために不可欠のものであると私は確信する。そして私が哲学を職業として担っていくかぎり、そこで伝えるべきものは、こうした現実世界に対する「無感受」であること以外にはないようにもおもえる。その帰結が、日常的経験の記述に即していようが、哲学史的な題材をマニアックに扱うものであろうが、非日常である戦争や暴力や世界の終わりに固執するものであろうが、実際にはそれはどうでもいいことであるようにおもわれる。

しかしそれは伝えるに困難なことである。先生のテクストを前にしていつもおもうのは、その本質的な困難さである。

松永哲学

松永哲学とその倫理

悲しみについて

村瀬　鋼

1　松永哲学の課題

松永澄夫の哲学はどんな哲学か。そこには実に沢山の主題がある。知覚、行為、自我、肉体、制度、記号、言語、環境、生命、食……。松永は最近自分の哲学をこう要約している。「人が関わるあらゆる事柄の基本的筋道について、言葉による地図を作成すること」[1]。実際、松永哲学は、「あらゆる事柄」についての微に入り細を穿った説明なのだ[2]。

しかし私達はこうも思ってしまう、そのような説明が一体何になるのか、一体これのどこが哲学なのか、と。なるほど松永の説明はきわめて精緻かつ説得的である。それは「あらゆる事柄」の基本的筋道を巧みに描き出し、その筋道について私達によく納得させてくれる。だがその了解は結局何になるのか。主題が特定の事柄に集中しているなら事は寧ろ簡単である。そこに松永の関心を認め、同じ関心を持つ者にとってのその説明の意義を認めることもできる。しかし「あらゆる事柄」についての周到な説明、それが与えてくれる「あらゆる事柄」についての納得、それが私達をどこへ導いてくれるのか、ただちにはわからない。

だが実は、松永哲学はまさに哲学なのである。それはたんに、何であれ事の筋道を明らかにするものとして、というにとどまらない。松永哲学は哲学では古典的な或る問いを隠し持っている。それはよき生への問い、〈私はいかに生きるべきか〉という問いである。松永は哲学を「どうしよう？」という形をとる私達の日常的かつ基本的な自問の延長として考えている。[3] この問いの形はそれに答えて行為を選ぶべき当の自分を否応なく巻き込み、問いの深まりに従って自分の生そのものへの根本的問いへとひとを導く、そこに哲学があり、それが哲学である、これが松永の見立てなのである。

「あらゆる事柄」が問題になる理由がここからわかってくる。深まりゆく「どうしよう？」という問いは、為し方生き方の選択に基準を与えるものを探して、問い問われている当の〈私〉自身とそれをとりまく諸事象との調査へとひとを差し向ける。ところで〈私〉をとりまく諸事象とは、最終的にはそのあらゆる諸要素を擁した世界全体なのである。[4] そこから沢山の事象についての松永の徹底的な分析が始まる。

だが他方、「あらゆる事柄」のなかでも最も重要な問題、或いは寧ろ「あらゆる事柄」とは別の根本的な問題がある。それは「あらゆる事柄」がそれにとってある〈私〉そのものである。「人が関わるあらゆる事柄」について地図を作成する、と言われていた。しかし実は松永哲学のより凝縮された定式は「自分が書き込まれた地図を描く」ことなのである。[5]「自分」というのは地図を描きつつ生き方の基準を探るその〈私〉自身である。最初の定式で「人が関わる」と言われていたのも、「人」は各々が一つの〈私〉であり、〈私〉とはまた「人」の一人であるからなのにほかならない。そこで、松永哲学はその根幹において〈私の生きる世界〉の骨組みの描き出しになっていて、この言わば〈私〉の哲学が松永のあらゆる多様な議論の恒常的な地平になっている、そしてその描き出しにおいて重要なのは、そこに〈私〉が書き込まれていることなのである。

実際、松永にとって最も重要な主題は、割かれている紙幅の分量は別にして、確かに〈私〉なのである。なるほど一方で、〈私〉に生き方の具体的指針を与えてくれるのは「あらゆる事柄」についての了解の方である。〈私〉の生において問題になる具体的な諸事象について具体的な了解を持つことなしには、〈私〉は生きようがない。松永はすぐに絶対的根拠や絶対的価値を求めたがる哲学の傾向を批判的に見る。〈私〉の日々の生活、日々のものでしかありえない生活を導いているのは、納得された相対的な諸価値のもとでの諸々の日常些事の了解なのだ。[6] しかし他方で、そうした了解が与えてくれる具体的指針をおよそ何らかの指針たらしめている一般的な基盤は〈私〉自身である。〈私〉こそが、価値を何らかの価値とし、些事を何がしかの大事たらしめ、自らのものである了解によって、自らのものである選択によって行為する。その際〈私〉は最終的な基準を〈私〉自身に求めるほかはない。[7] だが〈私〉とは何か。それは自明のことのようでいて、よくわからないところがある。そこで、当初の問い、即ちよき生への問いに何らかの答をもたらすためにも、この〈私〉の究明が松永にとっての重要課題となるのである。

私達はこの小論で、松永哲学がよき生への問いに対して提出していると思われる或る根本的な回答、或る倫理を描いてみたい。それは松永哲学の哲学としての根本的な賭け金でもあって、その帰趨は諸事象についての周到な説明としての松永哲学全体の意義にも関わっていると思うからである。私達はこの倫理の在処を、いま見たような事情から、まずは松永の述べる〈私〉の内実に探してみようと思う。[8] そこには問題となる倫理の基底のようなものが見いだされるだろう。しかし次に、〈私〉はただ一人生きるのみではなく、別の〈私〉を、他者を持つ。しかもそれは〈私〉が存在することと相即的なことなのである。そこで私達は、松永哲学におけるより豊かな倫理をさらに他者との共存という事柄のなかに求めてみようと思う。そして最終的に私達は、松永哲学が提出している倫理が、松永哲学の倫理、松永哲学がそれを実践してもいる倫理でもあることを、幾分かでも確認したいと考えている。私達のこうした議論の全体は、「あらゆる事柄」の詳細についての松永の極度に細心な分析が私達に惹き起こす戸惑いのなかで、松永哲学の確かな形をあらためて見極めてみるための作業でもある。

2　為す者としての〈私〉

松永において〈私〉とは何か。

松永は〈私〉を二つの線の交錯において描く。一つは「為すこと」であり、もう一つは「在ること」である。[9] この流儀は用語法こそ違え松永の初期からの一貫した遣り方であって、最初期の論文ではこの二つは「プラクシス主体としての我」と「形容的我」といった言い方で捉えられていた。[10] まず「為す」ものとしての〈私〉について見よう。

松永は〈私〉を行為の主体として強力に描く。松永は或る意味では極度のプラグマティストである。

まず、松永の見立てでは、肉体を持つ行為主体としての〈私〉の在り方こそが、知覚された世界の形成とその了解との核となる。行為の主体としての〈私〉は、肉体と一つである〈私〉であり、肉体を以て世界で行動する〈私〉である。肉体を持つ〈私〉は一箇の生物であるから、生存のための回避不可能な要請、周囲との関係で当の肉体を守りつつ当の肉体に必要なものを獲得しなければならないという要請を持つ。その要請に方向づけられながら（但し後に見るように実際には人との関わりに助けられて）、〈私〉は運動する肉体を以て諸々の物と交渉を持ち、肉体としての自らと物とを相互に分離しつつ限定し、自らがこれから運動を繰り広げうる場として未来としての意味をも備えた現在の知覚された空間のなかに、諸々の質を持って存続する物を、肉体の運動および感覚諸能力の展開に応じて諸々の可能性を現実化しゆく肉体の相関者として浮かび上がらせる。そして世界についての了解の基本、原因や法則といった概念を暗に明に用いた了解は、このような世界の組み立てのなかで行為の主体が反復的に行為して何事かを実現する経過を後追いすることで成立し、しかもそれは行為のための期待しうる未来を先取りさせてくれるものという点に主要な意義を持つ。

かくして〈私〉にとっての世界の基本的な組み立て、つまり、〈私〉がここに肉体を持って存在し、その周りに空間が拡がり、その空間内に諸々の物が肉体および他の諸物との相対的位置関係において配置されていて（細かく言えば、通常はそれを物として気にかけずともよい巨大な物たる大地の上に）、この状況のうちに未来という時間が宿されている、という状況が、行為主体としての〈私〉の存立と共に確保されていることになる。

次にまた、松永は、たんなる物の世界に関わるのではない、人の世界での行為の在り方にも多くの考察を向ける。なるほど行為は物の世界のなかでしか成り立たず、人と呼ばれるものも、具体的には知覚される肉体を持つ者として把握されずには〈私〉にとって現実的とはならないが、〈私〉の行為はたんに物を相手取っての行為なのではなく、つねに人間的環境のなかでの行為であり、後者の持つ意味は〈私〉にとってきわめて重要なものである。実際には、たんなる肉体の運動ではない、分節され性格づけられたまさに行為としての行為が成立するのは人の世界のなかにおいてなのである。〈私〉は為すこと（や為さないこと）を人から評価され、これから為すことの意志を問われ、いま為していることの意図を問われ、かつて為したことの責任を問われる。〈私〉は何事かを為した者、為しつつある者、為しうる者、為してよい者、為すべき者として、人の世界のなかで身分を得つつ、自らをそのような者として自己了解する。そして人とは、人々の過去の行為を考慮し尊重する存在であり、それら過去の行為によって出来上がった秩序のなかで、さらに未来を拘束する制度を設立する存在であるのだから、〈私〉の行為の在りようは歴史的社会的な諸文脈のなかで自らと周囲とからの評価を受け、〈私〉の何者であるのかを重層的に規定することになる。

およそ以上のようなことが、「為すこと」の線における〈私〉の描像である。このように描かれる限りで、行為者としての〈私〉とは、それを取り巻く世界、自分にとっての物と人との世界の全体の成り立ちに関わりつつ、その成り立ちとともに自らを成り立たせる、そのような〈私〉である。

そして、もし〈私〉が「どうしよう？」と問いえ、さらに「私はいかに生きるべきか」とも問いうるのだとすれば、それは〈私〉がおよそ何かを「する」ことができる者であるから、「為す」者であるからである。

しかしこの描像は、私達に根本的な「どうしよう？」への答を与えてくれるものたりえているだろうか。この描像は、ただこれだけでは、〈私〉の、と言うよりは寧ろ一人間の描像である。この描像が意味するのは、たんに人間という一箇の生物に客観的に確認される一般的事態、人間は生物としての生存と人間的世界での位置とを気にかけて生きていく、気にかけて生きていくものだ、というただそれだけのことではないのか。もしその人間の位置に〈私〉自身を置くとすれば、〈私〉は自分が現にそのように生きているのだということを理解する。物の世界のなかで生き延びていこうとし、人の世界のなかで生き延びつつ何者かであろうとする、そのような〈私〉が、行為の際に現に何を気遣っており、何を気遣うべきなのか、それをも〈私〉は理解する。しかし、生き延びることや何者かであることが、いったい〈私〉にとってどのような意味を持つのか。生き延びて何者かであろうとする、そのようなことがその者にとって些かでも意味を持ちうるその当の〈私〉とは、一体何であるのか。為す者としての〈私〉とは、結局のところ「あらゆる事柄」との関係においてこそ当の規定を得るような〈私〉である。しかし為す者であるところの当の〈私〉、為すことがその者の為すことである当の〈私〉の中身とは、いったい何であるのか。それは「あらゆる事柄」との関係の手前に求められねばならないだろう。

3　在る者としての〈私〉

「為すこと」は〈私〉の基本的な成分であるとはいえ、松永が〈私〉の根本的な在り方、〈私〉のの〈私〉であることの中身を求めるのは「在ること」の方にである。

〈私〉の「在ること」とはどんなことか。それは〈私〉と周囲のものとの関係を考えるのではなく、自分自身がそれであるその〈私〉の位置に身を置き直してみることによってしか理解されないことであろう。松永は、重要な論考の端緒や終結の部分で、為すことから離れた無為のなかに自分を置き、〈私〉の在ることの実質を確認する。[11] 例えばこんな風にである。「私は沼の畔に腰を下ろしている。沼の風が時に青く、時に白く光って見える。秋草が揺れて私の視線を誘う。風が耳の後ろを冷やして吹いてゆき、足許の枯れ葉に微かな音を立てさせる」……。松永の魅力的な叙述とそれについての細緻な分析とを続けて引用していきたい誘惑を抑えて、松永の語る内容を、その言葉使いを借りながらも私達なりの言い方で、敷衍と補助線とを加えて述べ直してみよう。

〈私〉はいまここにいる。いまここにいる者こそが〈私〉であり、いまここにいるからこそ〈私〉である。〈私〉が存在している、とは、いまここにいる、というそのことなのだ。だがいまここにいる、とはどんなことか。〈私〉はいま諸々の現われに立ち会っている。それらの現われが、およそ何らかの現われが在るということ、これが〈いま〉ということ、現在ということである。そして現われは〈私〉にこそ現れていて、〈私〉のいま在るということの中身となっている。なるほど、現れているものが〈私〉の肉体とは区別された物として扱われるかぎりでは、それは〈私〉の中身とは言えない。例えば目の前の一箇の林檎、それは〈私〉の肉体の外にあり、〈私〉ではあるまい。しかしそれは、行為の主体として肉体の輪郭内に言わば閉じ込められている〈私〉にとって、その林檎が、それとを間の距離を〈私〉の肉体が時間をかけて縮めていくことでそれが可能的に持つ別の現われが現実化されるような、未来を意味する一対象として見えているかぎりでである。だが、その林檎は未来にではなく、いま見えている。それは可能性とは別に、現に、ただ現にそうあるしかないような仕方で現れていて、そのことにおいて、行為の主体という身分とは別にただ在る〈私〉の、その在ることの内容になっている。なるほど〈私〉は林檎のあるあそことは別に肉体のあるここに、これこそ寧ろ〈私〉であるような或る感情を持っている、そうも感じられる。だが、ここは何であり、あそことは何であるのか。その区別はいま見たように行為主体にとっての区別でしかない。またそもそも感情とは何か。感情はどんなものである故に〈私〉の中身だと言われるのか。それは感情が、何かを介してその存在が把握されるのではなくて、直に感じられるものだということ、つまり、その現われがその存在への媒介なのではなくて、その現われがその存在であるということにあるだろう。例えば歓びの現われは歓びの存在であり、それを措いて歓びというものは在りはしない。他方、物としての林檎の現われは林檎の存在ではない、というのが物の世界の論理である。なぜなら、存在する林檎とは、現在におけるその現われ以外の無数の可能的現われを宿すものとして現在の現われ以上のものなのだし、林檎の現われは、例えばそこに実物はなく絵画にすぎなかった場合等を考えても、林檎の存在を必ずしも保証しない。しかし、現在現れている、その二つとはない現われであるかぎりでの林檎はどうか。それはその現われにおいて直に感じられていて、その現われの現われは、現われの存在である。物としての林檎と〈私〉の肉体との間になら距離はあっても、現われとしての林檎と感じる者としての〈私〉、つまりいわゆる心としての〈私〉の間には距離はない。さらに、一方では、あたかも肉体内にあるかのようにも印象される感情は、例えば箱のなかに林檎が閉じ込められているように肉体に閉じ込められているわけではなく、現われ全体のなかに拡がっていくし、他方では、現われとしての林檎の方も、〈私〉の肉体の壁にぶつかって〈私〉の内に入るのを拒まれるような何かではなくて、あたかも〈私〉の内面であるかのように、心としての〈私〉に直に触れている。いや、触れる、というのが物と物との接触を連想させるかぎりでは、それは心に触れているという以上に心の現実性そのものになっていて、物を示すものとしてではなく、歓びと同じような或る独特の感情的質として味わわれている。だから、なるほど〈私〉の存在の中身をなしているのは、常識の賛同が期待されるように、現在の現われとしての感情であると言えるが、ただ感情ということは、常識が普通はそう信じないように、現在の現われ全体の受容に関わっているのだ。こうした事情である以上、もし、〈私〉のいる〈ここ〉が、空間内の平等な複数の場所の相対的位置によって〈ここ〉となるものではなくて〈私〉が感情を持つ〈こころ〉の位置こそがそう呼ばれるのだとすれば、現われとしての林檎は〈あそこ〉と言うよりも寧ろ〈ここ〉に、現在全体を覆う〈ここ〉ある。そして、この〈ここ〉においては隔たりを言うことが意味を持たない。隔たりとは肉体と諸物とがそれぞれ相互に区別される物の世界での事柄なのだから。諸々の現われは、交響楽のように響き合いながら唯一無二の全体をつくっている。その全体、まるごと一つのものとしての現在が、〈私〉の在ることとそのことになっているのである[12]。その現在は移ろい、過ぎていく。一つの現在は決して呼び戻せない仕方で消え去り、新しい現在が訪れる。しかしそれは、二つの時を区切ることのできない不断の生成、不断の誕生のようにしてあり、つねにそこには、かけがえのない現在、〈私〉の生きている時であり〈私〉の生きていることである現在がある[13]。

松永によれば、〈私〉とはこのような「現われが存在をつくるような存在[14]」、「その〔＝現在を現在たらしめているところの〕現われを見いだし、現われの感受をもってすべて自己となす存在[15]」であって、その実質は現われの受容としての感情——ないし情感、情緒——である。そしてその〈私〉は、世界に現存を与えるものでもある[16]。なぜなら、現在に在るということがなければ世界は現存しないからである。それ故こう言われるのである。〈私〉とは、「あらゆる事柄に、その感知によって現に在るという実効性を与え、同時にその実効性そのこととして己の存在を獲得するもの」であると[17]。これは一見そうも思われるように独我論であるわけではない。なぜなら行為主体としての〈私〉には、現われに還元されずに現在を超えて存続するものの存在が見いだされているからである。例えば物としての林檎は、〈私〉の肉体の外に、〈私〉ならぬものとして存在する。ただ現われとしての林檎、現われであるかぎりでの林檎だけが、その感情的質において〈私〉の一部となっている、それだけのことである。

松永によれば、この「在ること」と「為すこと」との交錯が具体的な〈私〉を成立させているのだが、[18]この二つは平等であるわけではない。「為すこと」は「在ること」がなければ、〈私〉の為すこととしての中身を持たないし、〈私〉には無為の時はあっても、存在をやめるときはないからである。上述のように、松永は特に〈私〉の無為の時の現象学的記述を通じて〈私〉の在ることを浮かび上がらせる。しかし実は、〈私〉が在るのは無為の時だけではなくて、行為の間にも、現われの感受があるかぎりで〈私〉の存在はある、但しやはり為すことそのことではなく為すことにおける在ることとして。

松永は「行為の内面」ということを早くから話題にしていた。[19]それは行為そのことにおいて目立たぬ仕方でではあれ確実に味わわれている質、行為そのことの自己感受、そのときの〈私〉の在ることを作っている情感である。「石工が親方の命令故にであろうと石の形に心惹かれた故にであろうと、石を刻む時に、彼は嬉々として若しくは憂鬱に石を刻もう。ここに現れる内面は、その時に於ける石工の存在の実質であり、この自己享受が初めて行為を行為者に結びつける」[20]。それは行為の内面と言われつつ、しかし、行為に特有の何かではない。寧ろそれは「行為と無為との区別に関わりのない次元」、「行為と無為とを貫通して、その都度の各人の存在そのもの、生命そのものである内面の次元」、「絶対的内面の次元」である。「内面」というのは、肉体の内側ということではない。石工の感情は、そのときの現在の現われ全体と一つになっているからである。それが内面だというのは、それが〈私〉だから、〈私〉の存在として受容されることにおいてそれであるものだからなのにほかならない。

以上のような〈私〉の在ること、これが松永にとっては〈私〉の〈私〉としての中身をなすものなのである。しかしそこで、改めて問わなければならない、それが〈私〉のよき生への問いに答えるべきどんな倫理を与えてくれるのか、と。

4　〈私〉の生の肯定

〈私〉の在り方が以上のようなものであるとすれば、帰結は快楽主義的なものになるように思われる。〈私〉の生の実質は直に現前するものとしての感情的質なのであり、その質はその快美においてこそ〈私〉にとってよきものであるだろうから。また〈私〉にとって世界の持ちうる価値も根本的に美的なものである。世界は〈私〉に現れることによって現実のものであるが、〈私〉に現れるとは、その現われの感情的質において〈私〉の在ることの内容をつくることであり、これが世界の現実性の〈私〉にとっての基本的な意味だからである。こう考えるかぎり、〈私〉の生の相応しい方向付けは快美の追求に帰着するだろう。そこでは、物や人を相手取っての〈私〉の行為は、最終的に、〈私〉に何がしかの快美を齎しうるその可能性において評価されるものであることになる。

プラグマティズムと快楽主義との結合という平凡だが説得的な一つの落ち着きどころがここにはあり、それはなるほど松永哲学が示唆する一つの方向でもある。一般に哲学は様々な形でいつも〈本当に在るもの〉を探求してきた、ともし言うとすれば、松永にとって〈本当に在るもの〉とは〈私〉から独立した実体のようなものではなくて、〈私〉そのもの、その感情的現実そのものである。私達にとって、本当にはそれこそが在る現実、現実を現実たらしめているもの、本当に大事なものとして大切にされるべきもの、それは〈私〉が最も深いところでそれである、つねに現在において享受される感情にほかならない。そこで、どんな超越的価値の設定も行わない松永哲学において、この感情なるもののよさこそが問題になるとすれば、求められる価値は快美以外にはありえない、そう考えるのは自然である。

しかし松永は、たとえ快楽主義者であるにしても単純にそうなのではない。松永にとって、なるほど美はきわめて重要な価値である。そしてそれは〈私〉の在ることの質と理解されていて、実際、松永が〈私〉の存在の現象学的記述に際して〈私〉に現れる星々や花々や木々や風の情趣を描くとき、その筆致はリリシズムに満ちてさえいる。だが松永は、〈私〉を美の追求者には仕立て上げない。それは一つには、〈私〉は実際上、諸事象と関わりつつ生きるなかで、美という最終目的に結びつけて理解されて済むわけではない様々な価値文脈のなかに身を置くからである[21]。そこで、〈私〉の追求する一切はいわゆる自己満足に帰着するのだから結局は同じことだ、と言うにしても、満足の理由そのことがたんに感情的質には還元できない（例えば、或る人の微笑みを見て〈私〉が歓ぶのは、その微笑みが〈私〉に或る感情的質を与えるからという以上に、〈私〉の歓びならぬその人の歓びそのものが〈私〉にとって価値を持つからなのである）以上、その言い方は虚しい。しかしもう一つ、より根本的には、松永は美ということのさらに〈私〉にとっての意味、ということを問うているところがある、と私は思う。在ることのなかに身を沈める〈私〉が響き合う諸々の現われによって運ばれゆくなら、そこには「私を僅かに救う美しさの経験」がある、と松永は言う[22]。美は〈私〉を「救う」、但しそれは「僅かに」である。勿論〈私〉にとって美は追い求められるべき重要な価値でもあり、〈私〉は、実際にそのような生き方を選ぶ人がいるように、美の追求者として生きることもできる。だがたとえそうするにしても、〈私〉はそれをまさに選ぶのであり、そして、選ぶ〈私〉は選ばないこともある〈私〉なのである。美は慥かに、〈私〉の生に与えられる恵みである。だが松永は、〈私〉の在ることに身を沈めつつ、その恵みに救いを得て済ますのではなく、「いわば感情の恵みとでもいった問題の前で佇む[23]」。この佇みのなかに、松永が括りだそうとする〈私〉の立ち位置がある。

佇む〈私〉を、生の歓びである美にも拘わらず襲うのは、或る種の虚しさであり、無力さである。「諦念のごときもの[24]」と松永は言う。そこには或るどうしようもなさがある。「どうしようもなく受け取るしかないもの」、「どうしようもない在ること」、「私がその都度の現在にどうしようもなく受け取り、感じ享受する在ることのざわめきとしての私[25]」……。〈私〉は一方で、「どうしよう？」と問いつつどうにかしていこうとする行為の主体である。だがその〈私〉にとって、自分の在ることはどうしようもないこととして与えられる。

どうしようもない、とはどんなことか。

まずそれは、その都度の現在はただそのものとして受容されるよりほかはない、という〈私〉の根源的な受動性を意味するだろう。なるほど、〈私〉は現在の在りようを、未来に向けて、自らの為すことで変えてはいける。例えば目の前の林檎を手にとって齧るなら、それは新しい現在の質の実現であるし、胸の奥にあるかのような感情は、一方では統御困難で〈私〉を翻弄するものではあっても、他方では〈私〉による気持ちの向け変えも不可能ではない。しかし、個々の現われはそのように〈私〉の為すことで多少ともどうにかできるとしても、その都度まさにその現れているがままの在りようにおいて受容されてしまうこと、現在が在ってしまうこと一般は、〈私〉の意を超えている。ある現在から次の現在に向かって事を変えていき、そこで新しい現在が実現されるとしても、当の現在がその時点で実現されてしまっていること自体を〈私〉はどうできるわけでもない。その現在はその時をかぎりに失われつつ、新しい現在が実現され、現在が移ろっていく、その移ろいを〈私〉は引きとどめることができない。〈私〉は一つの現在をその到来後や到来前に取り置いておいて、それに対する対する対処をゆっくり考えるわけにはいかないのであって、現在において一切は既に言わば手遅れなのである。

このどうしようもなさは、しかしたんに、現われが在ることのどうしようもなさであるだけではない。それは〈私〉が在ってしまうことのどうしようもなさ、〈私〉が〈私〉であること、〈私〉が〈私〉でしかないことのどうしようもなさでもある。「いつだって自分でしかない〈私〉」、と松永は言う。[26] 無為の時は「私がどうしようもなく私として現われる時」である。[27] 松永にとって、問題になっているどうしようもなさにおいて確認されるべきことは、「自分が何であれ自分であること、自分でしかないこと、そして何よりそもそも自分が存在していると気づいて存在していること」なのである。[28]

では、〈私〉が〈私〉でしかないとは、もしそれが空虚な同語反復ではないのだとすれば、いったいどんなことなのか。それは、〈私〉は結局、身長一七〇cmのこの痩せた肉体でしかない、とか、三人の子を持つ大学教師の松永某でしかない、とか、神経質で情に脆い性格の人間でしかない、とかいったことでは無論ない。問題は「自分が何であれ自分であること」なのだから。

〈私〉であること、それは根本的な意味で孤独であることである。[29]

行為主体であるかぎりでの〈私〉には、時間をも意味する隔たりを備えた空間と、可能的な物事の実現の時として先取りされ回顧される未来と過去との隔たりを備えた時間とが開かれていて、〈私〉の在り方や〈私〉の行為はそこに配置されたあらゆる事象がつくる文脈のなかで評価される。そこでは〈私〉は〈私〉以外の様々なものと関わりを持ち、自身様々なもののうちの一つとしてその関係のなかで身分を得る。しかし在ることにおける〈私〉は隔たりということを欠いた一つの現在なのであって、他のものとの関係において何がしかのものたりうる何かではなく、ただそれ自身であり、ただそれ自身であることにおいてしかそれではありえない、そんな何かである。

先に行為に関して松永が「内面」を問題にしているのを見た。それは行為と無為とに通底する

〈私〉の次元であった。そこでもし反対に外面ということを考えてみるならば、外面とは、行為主体としての〈私〉が持つ周囲の諸事象との関わりのことである。〈私〉は一つの地図の上でのように、行為者としての〈私〉を周囲の諸事象との関わりで了解するし、〈私〉を取り巻く人々も、やはり〈私〉を〈私〉以外の諸事象との関わりで了解する。だがそれは〈私〉の在ること自体を捉えはしない。松永は問題の「内面」についてこう言う、「各人は己が存在のみを生き、唯、表象においてのみ、他者と諸事物とを評価しつつ、そうして己をもその行為と無為とに於いて評価しつつ生きる（…）。しかし、一切の評価の試みを逃れて、各人は己が存在の質を自己享受する」[30]と。

〈私〉は周囲との関係において何であれ、〈私〉であるほかはない。〈私〉であること、それは何のためにでもなく、外部とのどんな関わりによって意味を与えられることもなく、ただ現に在ることにおいてそれ自身として在ることである。〈私〉が何との関係で何を為そうと、そこで〈私〉が何を獲得したと信じようとも、〈私〉を〈私〉たらしめ〈私〉の生の実質をつくっている在ることにおいて、〈私〉はたかだか〈私〉であるのでしかない。それは、他の一切のものの観点から見れば、外面との関わりにおいて見れば、結局は何ものでもないものである。それは言わば文字通り私事なのであって、ただ〈私〉において〈私〉の存在として受容される、そのこと以外には価値を持ち得ず、そのことにおいてしか当のものとして在り得ない、そんな徹底的に孤独な何か、どうしようもなく孤独な何かなのである。

もしこの孤独な何かこそが世界に現実性を与えているとするならば、〈私〉の生きる世界全体は

〈私〉の夢に似ている。[31] 夢とは〈私〉だけのもののことである。それは儚く、果無い。それは未来にどんな実を結ぶでもなく、ただ現在において享受されることに置いて尽き、それを見ている〈私〉以外の誰のものでもなく、誰によって奪われることもないが〈私〉以外の誰にとっても在りはしない、そんな何かである。ひとはよく、例えば年老いた或る日、自分の人生を夢のようなものとして回顧することがある。自分は人生において様々なことを成し遂げてきたと信じていたし、この世界において何者かでありえていると信じてきた。だが自分の人生とはいったい何であったのか。それはたかだか一つの夢、私の心のなかで経過したきただけの、ただの私事でしかなかったのではないか。それは結局はただ〈私〉の喜怒哀楽としてしか意味を持たなかったのだし、そんな喜怒哀楽すらも、結局はただそれだけのこととして儚く消えてしまったのである……。

私達は「諦念」に行き着くしかないのだろうか。

しかし、諦念を持つにしても、このどうしようもなさのなかで、〈私〉は少なくとも諦念を持つことならできる。そして諦念を持ちつつも、言わば〈私〉の意志ないし意思を以て、この生に対する態度を選ぶことならできるのだし、それが求められている、求められざるをえないのが、まさに〈私〉なのである。〈私〉は、一切はもうどうでもよいのだと無為に身を委ねることもできる。だが委ねるのは〈私〉であり、その〈私〉は、生きようとして行為に向かうこともできる〈私〉なのである。

松永の〈私〉が私達を誘うのは、このどうしようもない生を〈私〉の生として肯定することの方へである。在ることにおいて確認される〈私〉の生、それはただそれ自身において肯定されるよりほかはないもの、「私自身が愛おしむのでなければなるまいぎりぎりの存在」[32]である。松永は、〈私〉の在ることを前にして、その〈私〉の在ること自身として、何を為すこともないままただ「佇む」[33]。だが佇みつつ〈私〉は、「「これが私の在ること、在ること」と呟くようにして生きる」[34]、生きることへと向かっていく、そうするより他どうしようもない。どうしようもないものとして、しかし〈私〉は〈私〉の生を肯定し、愛おしむ。年老いて自分の人生を夢と観じる人は、ただ虚しさに襲われるだけなのではない。人生が夢のようであったということ、それはまた、それがまさに〈私〉の人生であったということ、〈私〉が〈私〉自身から切り離そうと考えてきた様々な事柄も含めて、一切が〈私〉に生きられるものとしてあったということである。その〈私〉のものとしての生を、ひとはいま、夢として観じつつ現に生き、誰のためにでもなく何のためにでもなく、それ自身のためにそれ自身として愛惜し、肯定する。これが他の誰のものでもない〈私〉の人生、かけがえのない人生なのだと。

この生を〈私〉の生として肯定すること。これが松永哲学の示唆する、あらゆる規範に先立つ〈私〉の生の倫理であると私は思う。肯定する、とは、それがよき生か悪しき生かに関わらず、また周囲の物事との関係でそれに下される評価とも関係なく、〈私〉の生きていることそのこととして、ということである。物と人との世界で〈私〉がどう生き延びどう生きていくにしろ、それはこの〈私〉が生き続けていくこと、〈私〉の現在が更新されつつ続いていくということであるほかはない。もし〈私〉がいかに生きるかに悩み、その悩むことに意味があるとすれば、それは、よく生きるか悪しく生きるか以前に、生きるということの根本的な肯定があるからである。またもし快美に価値があるとすれば、当の快美がそれの快美であるところの〈私〉の在ることがまずそれ自体として肯定されているからであり、また快美が〈私〉にこの在ることをいっそう強く肯定させてくれるからなのである。

この肯定によって、世界もまた初めて現実的なものとして肯定されるだろう。物と人との世界がどんな価値を〈私〉に呈示するにしろ、その価値は〈私〉の在ることとの関わりにおいてしか現実的なものとはならない。その意味で、〈私〉の在ることはあらゆる価値の基盤である。もちろん、〈私〉の存在からあらゆる価値の派生を説明できるわけではない。物と人との世界には、物や人の固有の在りようと諸文脈とがあるからである。実際、〈私〉に与えられる感情的な質が、一切のものの価値を測る基準となるわけではない。〈私〉の目の前で花が綻び、人が微笑む。それは〈私〉に歓びを与え、その花、その微笑みの現われは、〈私〉の歓びそのものである。そのとき〈私〉が嬉しいのは、それらが〈私〉を歓ばせるからなのではない。順序は逆で、花の生命の輝きや人の歓びが〈私〉にとって、それら自身として何かであり、価値を持つ、それ故に〈私〉は嬉しいのである。だが〈私〉の歓びは、ただ〈私〉だけのもの、〈私〉による感受においてこそ当のものである。そして、もし花や表情が〈私〉に感受されるということがないのならば、それらのものの価値は現実的なものにならず、それらのもの自身が現存しない。〈私〉の生の肯定、それは世界の側に見て取られる価値を、まさに価値であるものとして、どうにかしていこうとする〈私〉が考慮し準拠すべき何かとして、その現実性において浮上させるものなのである。

〈私〉の在ること、それは〈私〉に現在を与える。それはその都度唯一無二の現在、そのあらゆる細部を伴った現在であり、そこに、どうにかしていこうとする〈私〉自身がいて、〈私〉がどうにかしていこうとする現実の世界がある。そこでは、或る意味では夢のようなものでもある〈私〉の生こそが、その肯定において現実を〈私〉の生きる現実としてまさに現実たらしめる。なるほどそれでも、〈私〉の生は結局は孤独な〈私〉の生きていくことにすぎず、それはただ儚く移ろう現在として〈私〉の生が解かれ紡がれしていくことでしかないだろう。そこで〈私〉は、取っておけるような何を獲得するわけでもない。〈私〉は一切をどうでもよいこととして無為に身を委ねることもできる。或いはまた、悪夢のようなどうしようもない苦痛に苛まれる〈私〉は、生自体から解放されたいとさえ願う。だがその〈私〉の現在のうちには通常は必ず、〈私〉を行為へと促す心の動きや諸々のものの目配せがあって、その動きと目配せとを含めて移ろいゆくこの現在を肯定することによって、〈私〉は生きていくことへと繰り返し再び足を踏み出すのである。[35]〈私〉、あらゆる説明の後にも生き残るこの「不思議なもの[36]」……。

5　他者の生の肯定

ところで、〈私〉の生の肯定は、もう一つ別の肯定を引き連れてくる。そのつど一つである〈私〉は、またあらゆる人がそれぞれにそれであるところのものであり、そのような人々が、〈私〉にとっての世界のなかには確かに浮かび上がっている。こうした別の〈私〉の肯定、これが松永の倫理のもう一端であると私達は考えるのである。

松永は、〈私〉の生きる世界がたんなる自然的世界ではなく人の世界でもあるということを強調する。[37] そこでは物ですら純然たる物ではなく、人との関わりにおいて理解される物、人の活動の痕跡を宿し社会的な意味を持った物なのである。人の世界は〈私〉にとって極めて重要なものである。実際、まず無力な肉の塊として生まれた〈私〉は、他者の世話を受けずには生き延びることができないし、成長後の〈私〉も、少なくとも現実的には、人の世界のなかでしか生存の環境を確保できない。しかし、もしただ生き延びるだけのことが問題なのであれば、〈私〉は人を、〈私〉の生存の障碍や助けとなるたんに風変わりな振る舞いを見せる或る種の動物ないし物として見て、ただプラグマティックに振る舞えばよい。それでは済まないのは、人が〈私〉の同類であるから、また〈私〉は人の一員であるからである。だとすれば、人の世界の地図を描こうとする松永にとって、人の世界ということにその実を与えるためにも、人、そもそも一人の他者が、〈私〉にとってどんなものであるのか、それを理解することが重要な案件になってくる、そのように私達は見る。

松永の論考としては、実は他者論という形で纏められたものはないのだが、実質的な他者論を含むものとして、二つの重要な論考がある。一つは『私というものの成立』第一章であり、もう一つは「死の観念に映された生の姿」の第五節である。まず前者について見よう。

松永によれば、〈私〉の成立は事実上人との関わりを主要な成分として含むと考えるのが妥当だし、その関わりの筋道を追うことでよく理解される。〈私〉の成立というのは、為すことと在ることとの分節を伴った〈私〉の成立、無為に在ることにおいて自らを確認し、確認しうるからこそ「どうしよう?」と問いつつ行為にも向かう〈私〉の成立ということである。現に成立している成人の〈私〉の起源として当然想定されてよい赤ん坊としての〈私〉は、無為と行為との区別なしに外界に対する即時的な反応だけに生きていると想定され、その状態では〈私〉の在ることがまさにそのこととして確認されることはないと考えられる。その意味で赤ん坊においては〈私〉は〈私〉として成立していないであろう。その成立のためには、〈私〉にとって外界との距離が確保されなければならない。即ち、〈私〉の肉体を脅かしうる諸々の物を、現時点ではただ〈私〉に知覚されているだけのものとして距離を置いて眺め、みずからの存在がそれとして享受される相対的な無為のなかで、その物に対するこれからの相応しい行為を選ぼうとする、そのような態勢を〈私〉が備えることが必要である。危険に満ちた世界のなかで、赤ん坊がそのような態勢を獲得するには、現実的に、赤ん坊を保護し世話し評価する者、それらを通じて赤ん坊に、無為に憩いうる安寧と、そこで確認される多少とも濃密な感情の内実と、行為への具体的促しとを与える者が必要で、実際に誰しもがそのような者との関係のなかでこそ育ってきた。だから赤ん坊のそれとして自覚されざる〈私〉は、何よりも人との関係においてこそ、その諸能力の成長と共に、成立してしまった〈私〉において現に自己と世界とがそうであるように、物の世界をすでに人の世界でもあるものとして見いだしつつ自分を一人の人たる〈私〉として獲得していく、そのようになっているのではないか。

このような見立てのなかで、松永は、赤ん坊において〈私〉が人との関係において〈私〉として成立するその道筋を描く。論じる者は既に赤ん坊ではない故に、この筋道は事実との検証は不可能な一つの仮説でしかないが、経験や学問の諸知見からして妥当と思われる道筋、現時点での〈私〉の成立の事柄上の構造として納得されうる道筋を、松永は描こうとするのである。

だが私達の関心は、それはそれとして極めて説得的な道筋の詳細にはない。確認したいのは、この道筋において、〈私〉の十全な成立が〈私〉にとっての他者の成立と完全に一対のものとして了解されること、しかもこの成立の基本的な場が、〈私〉の在ることの中身がそれであることを私達が既に確認したような、感情（ないし情緒）という事柄のなかにあると了解されることである。「人との出会いが、〈私〉の成立にとって不可欠の根本経験である。そして、人が出会う他の人ないし人々の力は、肉体の運動によって立ち向かわれる力であるよりも、情緒的反響、感情、価値評価において実感され、また、こちら側の情緒的感応の在りようによって強さや姿を変える力である。〈私〉はこの力とあい対する中で己をつかみ、対になりながら成立する」[38]。松永の語るところでは、

〈私〉において、他者は〈私〉と同様の在り方をする者、〈私〉は他者と同様の在り方をする者と、感情の水準で了解される、そのことが人の世界における〈私〉の成立であり、〈私〉にとっての、個々の他者としての人の成立である。人の世界への〈私〉の参入において重要なのは、「自分と人とが、細部の違いはあれ基本的には同じ仕方でいること」[39]なのであり、そのような了解を〈私〉に齎すのは知的理解や類推ではなく感情、情緒的なものである。肝心なのは、表情や音声の持つ情緒的な「トーン」が醸し出す「同じようにして其処に、同じような仕方で居るということ」の「気分」であり、「分かり合っているという感情ないし気分」なのである。[40]

ここから私達が、私達の日常的に確認している実感にも引きつけながら引き出したいのは次のようなことである。〈私〉が日常的に自分の存在を感じているとき、それは、たんに〈私〉が孤独に存在することとしてあるのではなく、人の世界のなかで他の〈私〉たちと一緒に存在しているという感情的質を持っているのが普通で、しかし、〈私〉と他者とは同様に在り方をしながらもそれぞれ別個であるような一対のものであるという状況だけは明らかになっている。そこで、既に見たような仕方で〈私〉が〈私〉のぎりぎりの孤独な存在を確認するということは、〈私〉が持つ他者との共存の感情的質もがそれ自体結局は〈私〉の孤独な在ることの一部でしかないことを確認することでもあることになり、その際にもしかし、〈私〉と対になっているものとしての他者の存在の場所は〈私〉の感情的質と共に描かれてはいて、ただそれは、〈私〉と同様の孤独なものとして、〈私〉の在ることの外でその固有の現在を生きる、〈私〉に在ることにとっては一種の不在のようなものとして描かれている、そう考えられる。それ故、〈私〉の在ることが孤独であると感受されるのは、実際には、それは他の誰のものでもなく〈私〉のものだ、ということをも含意していて、だから逆に、〈私〉の確認する自分の孤独な現存には、この〈私〉と同様の在り方をしているはずのその他の誰が、つねに陰画的につきまとっている。そこで、もし〈私〉が自分の孤独な在ることの肯定が〈私〉に生を再開させるとすれば、その再開は、〈私〉とは別個のものとしての何らかの一箇の他者の存在——他者についての〈私〉の了解でも感情でもない、端的な存在、しかし〈私〉の在ることの外にあるかぎりでは〈私〉にとって不在である存在——を必ず同伴させている、そう考えられはしないか。そして、具体的な他者と共にいるとき、分かり合いの気分のなかで、しかし〈私〉が〈私〉の孤独な存在をどこかで確かに確認し、それを秘かな形であれ肯定するとき、その肯定は、その肯定を以てして、他者の別個の孤独な〈私〉としての存在の肯定をも含意しているのではないか。

松永において、このような肯定の形が読み取られるのは、「死の観念に映された生の姿」においてである。そこで松永は他者の死を話題にしながら、〈私〉にとって他者の死とは、いったい何がなくなったことなのか、反対に言えば、他者がそこに居るとは、〈私〉にとっていったい何が存在していることなのか、と問う。「「生きている人がまさに存在している」と述べることに意味を与えるもの、それは何か」[41]。その人が死んでしまったということ、それは一つには「外に働きかける力の中心がもはやない」[42]ということ、人々や物々のあるこの世界のなかで行為を繰り広げてみせることがない、ということである。だが、そのような行為者としての在り方なら、その人がいかに個性的で特殊な人物であっても、〈私〉にとっては他によって原理的に代替されうるものであろう。それは〈私〉の世界の地図の一構成要素に過ぎまい。だが、考えなければならないのは、「かけがえのなさ」ということ、かけがえのないその人が死んだということ、だからこそ〈私〉は嘆き悲しむのだということである。[43]

その人の死とともに決定的になくなってしまったもの、それは先に「石工」に認められたような「絶対的内面の次元」、その人が感受しつつ感受において在ること、「自己が在ることそのこととして感じられている、感じられているそのこと」、「その人の生に、その人が生きてあることに於いてその人が生きた、その人だけが生きた現実性」である。[44] しかしそれは、その人に向き合う私に、その人の生前に「与えられていたというわけではない」。「私はその人が生きた現実性を、その人のように生きることは決してできなかったし、いつだってできはしない」のである。[45] それは他の誰の所有にもならない、その人自身の在ることとそのことにおいて感受されるだけのことなのだから。しかしそれは、〈私〉にとって決して端的な無ではなく、何事かではあったのだ。

松永はこの事態を「謎めいている」と形容する。「死した人が生きていた時、その存在を、彼（彼女）自身でなく、死んでしまった彼（彼女）の永遠の不在を嘆いている人が、自己の生の現実の中で生きたのか、それを不在でなく存在として感じていたのか」、それは「謎めいている」と。[46]

松永は、この事態を、私と他者との「時の共有」という事柄において理解しようと、或いは寧ろ感じ直そうとする。「私はアネモネを見ている。アネモネの青紫の色と、風、頭上遠く聞こえる雲雀の囀り、背中に感ずる春の陽射し、これらと私の想いと皆、溶け合った一つの情感の中にある。（…）そこに私の現在の時が、私の存在そのものとしてある。ところが、ここに誰かがアネモネの傍らに立つ。その顔は沈んでいる。私の風景、私自身である風景の中に、其処だけ、或る私のものでないトーンが現れる。そして恐らく、その人の中で、アネモネも空も、風も光も、私が感じたその沈んだトーンで溶け合っているに違いなく、ただ、その人の風景、その人の存在と一つになった風景の中で、私だけが別のトーンでもって一角を占めているであろう。けれども、私もその人も、それぞれに移ろう時を生き、風が変わり陽が動くように、アネモネの花びらに遠い雲が有るか無きかに濃さが違った影を落としてゆく動きの如く、姿を変える現在を生きる」[47]。このように語りながら、松永は人の「表情」の「トーン」の感受のなかに、私にとっての他者その人の現存の実効性を求めようとする。

だが、同時に松永は告白する、「私には言葉が不足している」と。時の共有という事態、これについて「私なりの表現を試みれば、それは、それぞれの自分自身でしかないその都度の現実性の中に或る不可思議な仕方で別の現実性実現の動きが、その内容は置いて、ただ動きが動きとして、私が享受している情感の中に或る反響を齎しながら溶け入ってくる事態だと、こうでも述べる他に私にはうまく言い表せない」[48]（強調は引用者）。そして松永は、すぐ後にくるこの稿の「結び」で、自らの孤独な「在ること」を「呟くようにして」確認して稿を閉じるのである。

松永はここで他者を適切に論じるのに失敗しているのだろうか。他者認識の仕儀を、赤ん坊を例にした仮説的な筋立ては別にして、正当な仕方では説明し損ねているのだろうか。いや、そうではない。そもそも松永にとっては他我認識の問題は存在していない。すでに初期の論文で、松永はこう言っていた、「絶対的内面の次元が表象に於ける限定を逃れ、第三者による構成的接近を許さぬ以上、他我承認の問題は、己自身の内面が絶対的な自己享受であるのと対照的に、絶対的に隠れたものの承認の問題となる。すると、ここに於いてはまた、他者の行為の動機を知るといったような、他我認識の問題は存在しようがなくなる」と。[49] 他者の表情の「トーン」は〈私〉に他者との共存の質を与え、〈私〉に共存の気分を与える。しかしそれは結局は〈私〉の孤独な在ることの一部でしかない。目の前にいる他者の存在、それは〈私〉にとって、その存在と不在とが最終的には見分けられない仕方で、しかしその肉体のところに中心を持つはずのその存在を信じずにはいられない仕方で、〈私〉の在ることの外なる一つの在ることとして、「絶対的に隠れたもの」として、〈私〉の生きるこの現在に隠れたまま寄り添うものとして、たしかにそこにある、あると肯定される。その事態を「うまく言い表せない」のは、それが表象不可能なものである以上、そうでしかありえないことである。松永は或る意味で、正当にもうまく言い表せないことで、その「隠れたもの」を、その論述のスタイルそのものを以て承認し、肯定しているのである。

もしこの理解が間違っていないとすれば、松永における倫理とは、〈私〉の肯定であるとともに他者の肯定である。それは、人はみな一人一人〈私〉なのであるから、〈私〉を肯定するということは〈私〉一般の一員としての他者たちそれぞれをも肯定することだ、という誰もが考える平凡なお話なのではない。〈私〉一般というものは存在しない。〈私〉とは孤独なものである。その孤独な〈私〉が、決して自分自身ではありえないもう一つの〈私〉、つねに一つ一つでしかない他の個々の〈私〉たちを肯定する、そのことが問題なのである。〈私〉がその地図を描く人の世界、その筋道は、これらの〈私〉たちの生の肯定によってこそ、初めてその意味を持つものであるだろう。そして、「どうしよう?」と深く問いゆく〈私〉は、〈私〉自身と共に、〈私〉の現在に隠れつつ現れている〈私〉たちの存在をも見いだすときに、自らの根本的な選択を行うのである。

6　肉声の哲学——悲しみと希望と

〈私〉と他者とを〈私〉の佇みにおいてそれぞれ孤独なものとして肯定すること。以上見てきたように、もしこれが松永哲学の呈示する倫理であるのだとすれば、それは「悲しみ」という和語で理解されるような何かであるのだと思う。悲しみは、他方では朗らかな饒舌さに満ちてさえいる松永哲学全体を、それでもやはり貫いていると感じられる一つの情緒でもある。悲しみとは何か。坂部恵の説明と解釈によりつつ言えば、「悲しみ」という言葉は、語根に「兼ぬ」が想定される言葉である。それは、他者の身を兼ねたいと望みながら兼ねられないことの切なさ、届く保証のない思いを他者に寄せながら自分が結局は自分でしかありえないことのどうしようもなさを思い知る真の意味で私的な感情、「私である」ということとそのことと殆ど区別されない一つの自覚である。しかしまた「悲し」はまた「愛し」でもあり、そうでしかありえない自己と他者と両者の現実とについての最初の無条件の肯定を含んでもいる。現にここに居る〈私〉と、現にそこに、この〈私〉には根本的な意味で手の届かぬ仕方で居る他者と。悲しみはなるほど感情であって、倫理とは言い難いとも思われよう。だが松永の〈私〉が本質的に感情的なものであるからには、それは〈私〉が自らの存在ごと実践しようとする、どんな倫理的命法よりも深い倫理なのだとも言える。

松永は「ひとが関わるあらゆる事柄の基本的道筋」を描き出す。松永は周到にも、ひとがあらゆる事柄について何がしか了解し何がしか納得して生きている、その了解と納得の仕儀についてさえ具に了解し納得しようとし、そう了解し納得しようとする自分自身の了解と納得についてさえ了解し納得しようとする。地図作成のこの企ては、しかし或る虚しさの方へと私達を連れて行きもする。超越的な根拠も超越論的な俯瞰者もその外に措定しないこの地図の全体は、ただ辻褄のあっているだけの一つの寓話、虚空に浮かんだ一つの夢でもあるかのようだ。一切は説明され納得され、納得される仕方についても納得される。私達はただ納得のいく尤もな理由で現にそう生きているように生きており、そう生きていることに尤もな理由で納得している、ただそれだけなのかもしれないのだ。

だが、繰り返し確認するなら、松永は哲学者である。というのはたんに考える人という意味ででではない。松永の根本には〈私はいかに生きるべきか〉という問いがある。それは〈私〉を問うこと、そして最終的には、括弧なしの、私、を問うことである。松永にとって肝心なのはいつも、生きる私、生きている私である。夢を現実に繋ぎとめるものがあるとすれば、それは現実を夢とも観じるこの私、夢のただなかで現実の生身に触れ直すこの生きる私である。生きる私が生きる私自身を問い、反省的に問う、その問いが哲学となるが、哲学は哲学している当の者をその哲学自体とともに自らの描く地図のなかに書き込みつつ、いつも生きる私自身に戻っていかなければならない[51]。その私はいつも、最終的に説明不可能な不思議なもの、どうにかせざるをえないどうしようもない自分自身である。松永哲学の全体が、その一つの私の或る生き方、生きている私の一つの営みなのだ。その哲学の持つ倫理は、孤独な自分と孤独な他者との肯定、孤独な自分の観点からの孤独な他者の肯定であり、その哲学の実際は、孤独な自分の視点からの世界の見取り図の描き出し、同様に孤独なあらゆる〈私〉による捉え直しへと供与された地図の提示である。そうしてこの哲学は、このことを以て、その倫理の形を松永自身である一つの〈私〉の生の姿そのもののようにして私達に差し出している。精しい地図を描くこと、それは、私はこんな風に生きている、というそのこんな風にの詳細を描くことであり、これが私の生きているということの形だ、というその切り子細工のように燦めく多様な局面の交錯を描き出すことなのだ……。

松永は「肉声の響き」を大切にする哲学者、肉声を響かせようとする哲学者である。

松永は、猪城博之の論文を初めて読んで、まだ人も知らないのに「懐かしいような想いを持った」と言う[52]。「どういうことかと言うと、自分で自分の考えを注意深く追っていて、それを言葉にしようとしている、そして、その言葉を、まずは自分のために語り、そして、やはりできれば聞き手をさがしている、生身の人がそこにいる、という感じを受けたのである」。それは、松永が自分の著作や論文に課したいと思っていた、まさにそのことであった。以後松永は「文章における肉声の響きを心懸けるということ」を「大切にしたい」と一層思ってきた、と言う。

『私というものの成立』の仏語タイトルは、*Quand on dit*《*moi*》…、つまり『「私」と言うとき……』である。ことによれば松永の哲学の全体が、本当のところただひたすら、「私」と言う、言うことで自らの〈私〉を確認し、言うことで他の〈私〉たちに呼びかける、このことであるのかもしれない。それは、どうしようもない悲しみのなかで、しかし寧ろ朗らかでさえあるそのトーンで、もし可能ならばこの一つの私の在ることの質が他者において谺のように反復されてあるよう祈る。そこに、松永哲学のまるごとがそれであるのかもしれないような一つの〈希望〉がある。「声は希望である。聞く者がいることを信ずる心の鼓動である。声には耳を傾けなければならない。そして待たなければならない、出会いが成就することを。希望は確かな希望であろうとし、声は羽ばたき、未来に向かう。だからいまの時が明るくなる」[53]。

註

1　『哲学史を読む』両巻の奥付の著者紹介。

2　「順序よく漏れなく」というのが哲学の一つの重要な基本だと松永は言う（『音の経験』三九一頁、強調は松永、以下、特記なき場合は同様)。

3 『知覚する私・理解する私』一―二頁、『私というものの成立』v-viii頁、「哲学の覚醒」『文化としての20世紀』所収、六八頁、等々。

4 「哲学の営みにおいて人は必ずや己との関わりにおいて何かを問う(…)。そして、それゆえにまた、哲学では、己とはその何かとだけではなく諸々の一切のものと関わって生きている存在である限りで、何かを中心に問いつつ一切を問題にするよう誘われる。対象が限定されないのである」(「哲学の覚醒」、前掲書六四頁)。

5 『私というものの成立』一―四頁。

6 cf.「哲学の覚醒」前掲書七二頁。

7 cf.『私というものの成立』v頁。

8 松永における「私」については、本書所収の川崎論文が、本稿とは別の関心の下で論じている。

9 「死の観念に映された生の姿」、『死』所収、三二一頁、『私というものの成立』七一頁、等を参照。

10 「世界の私性格について」『哲学史を読むI』所収、二四〇―二四三頁。尚、以下二節にわたって私達が要約的に示す〈私〉についての松永の描き方は、基本的には『知覚する私・理解する私』および『私というものの成立』での纏まった論述に依拠するものだが、人の世界との関わりを除けばその骨格は既に同論文で明確に描かれている。他のことに関しても含めて、松永哲学は、時期毎の文体の違いはあっても、基本的には最初期から最近まで驚くほど一貫した論理を示している。強靱な哲学だと思う。

11 『知覚する私・理解する私』一七―一九頁、一六六―一七二頁、『私というものの成立』一九頁、七七頁、「死の観念に映された生の姿」『死』所収、三一三―三一四頁、三二三―三二四頁。

12 その美しさに負けて、以上の諸事情に関する松永の語りを一つだけ長いが引用したい。「私はアンズの花を見上げ、見惚れる。その艶やかな桃色にいわば溺れゆく。これは、そのつどの時で完結して濃密な内容を持った経験である。そして、その時、私はあたかもアンズの花群の中に、そこ、私の肉体の目の前、半メートルとか二メートルの厚みのアンズの枝々の張り渡された中に居るかのようである。更には、花と花との間で光を吸う青さ、空の青さも、私と一体になったかのようである。すると、その青さ、アンズの桃色の照り映え、それを美しいと思うとき、美しいのはアンズの花であり空の青さでありながら、私は、その青さ、桃色の照り映えとして、美しさのうちに、色の歓びのうちに、自分を見いだしている。それは私の心、私の現在の何より実質的な内容である。私はアンズという物、他の物と区別されて対象として選び出されたものに向き合っているのではない。空と一緒になったアンズ、目に映るすべての一成分としてのアンズが問題で、そして、そのすべてというものは、私に向き合う対象ではもはやなくなっている。向き合っているのは知覚のあれこれの対象と、知覚する私の肉体である。だが、まさにそうであるからこそ、この経験（…）では、経験する〈私〉は肉体に尽きていないこと、肉体のこの場所に閉じ込められているのではないことが如実に告げ知らされている。／そう、だから私は、ここで「心」と言う。心、それは何か肉体と同じようには限定されず、それでいて肉体として限定される〈私〉と同じ〈私〉、しかも、肉体以上に〈私〉自身であるような〈私〉である。それで、私の肉体ならざるアンズの花びらが風で舞い散る時、私の肉体はここで動かずにいて、私の心は動く」（『私というものの成立』一九―二〇頁）。

13　このような現在の移ろいについては、特に「死の観念に映された生の姿」前掲書三一三―三一四頁、及び『知覚する私・理解する私』一六九―一七一頁、を参照。

14　『知覚する私・理解する私』一七頁。

15　『私というものの成立』一七〇頁。このような〈私〉の規定は、例えばミシェル・アンリが類同の言い方を用いているもので、フランス哲学全般にあっては寧ろごくありふれた種類のものとも言えるが、しかしフランス哲学の影響を言うよりも、松永自身の傾向が自ずと同様の考えに松永を導いた、と見るべきであろう。アンリと松永には個人的な交流があったが、それについては『哲学史を読む』両巻の後書きに感銘深いエピソードとともに記されている。松永がアンリに会いに行ったのは、「学ぶというより、或る重要な一点で自分と同じことを考えている、大切にしている人がいることを発見して心が震えた」からだと言う。

16 「現存に関し、「我在り」と「世界在り」とは全く同一の事態を表明する命題でしかない」（『世界の私性格について』前掲書二四三頁）。

17 『私というものの成立』二〇頁。

18 「〈私〉はいつも在ることと為すこと、己の存在の感情と、力としての自己把握と、両者の微妙な交錯のうちで揺らぎながら成立してくる」（『私というものの成立』七一頁）。

19 「因果関係からみた行為の諸側面」『行為の構造』所収、一一六―一一八頁。

20 「因果関係からみた行為の諸側面」前掲書一一七頁。

21 cf.「哲学の覚醒」前掲書八八―八九頁。

22 『知覚する私・理解する私』一七二頁。

23 『私というものの成立』七七頁。

24 『私というものの成立』七七頁。

25 『私というものの成立』七一―七二頁、「死の観念に映された生の姿」前掲書三二三頁。

26 『私というものの成立』七二頁。

27 『私というものの成立』一七二頁。

28 松永は「この内容をきちんと表現することは、私にとっては非常に重要な課題で、哲学の基本課題だ」と言う（「哲学の覚醒」前掲書七五頁）。

29 「孤独に打ち棄てられた私の時、私がどうしようもなく私として現れる時（…）」（『知覚する私・理解する私』一七二頁）。

30 「因果関係からみた行為の諸側面」前掲書一一八頁。

31 松永によれば、〈私〉が〈私〉の在ることを確認するような無為に身を置くことを、「人間の生物としての条件、行動するものとしての条件から抜け出て、いわば夢見る存在へと暫し自分を置く」こととも性格づけている（『知覚する私・理解する私』、一六六頁）。また、筆者が見ることができた、計画中の哲学叢書に収録予定の原稿のなかで、松永は、一切が夢のように思われてくるという経験が哲学にとって重要な契機であることに言及してもいる（未刊の草稿故ここではそれ以上触れない）。

32 『知覚する私・理解する私』一七二頁。

33 『知覚する私・理解する私』一七二頁。

34 「死の観念に映された生の姿」、前掲書三二四頁。

35 戯れに言えば、松永哲学に相応しいテーマ曲の有力候補の一つは、吉田拓郎の「今日まで、そして明日から」であるかもしれない。

36 『私というものの成立』七二頁。

37 例えば『私というものの成立』六七頁、等を参照。

38 『私というものの成立』五〇頁。

39 『私というものの成立』六五頁。

40 『私というものの成立』五九、六一頁。

41 「死の観念に映された生の姿」前掲書三一一頁。

42 「死の観念に映された生の姿」前掲書三一五頁。

43 「死の観念に映された生の姿」前掲書三一六―三一七頁。

44 「死の観念に映された生の姿」前掲書三一二、三一八頁。

45 「死の観念に映された生の姿」前掲書三一八頁。

46 「死の観念に映された生の姿」前掲書三一八頁。

47 「死の観念に映された生の姿」前掲書三一八－三一九頁。

48 「死の観念に映された生の姿」前掲書三二〇頁。

49 「因果関係からみた行為の諸側面」前掲書、一一六頁。

50 坂部恵『鏡のなかの日本語』筑摩書房、一九八九年、一一一頁。

51 「哲学の主体は直ちに生活の中の自己へと取り戻されるべくあってこそ存在理由を持つ」（『私というものの成立』二頁）。「私が書き込まれた地図」を描く哲学者は、自らが現に地図を描き得ているということまでも含めて当の自分自身を地図に書き込み、書き込みつつ生活者としての自分に戻り、そこで哲学することとそのことを含めたしかたで改めて生きることになる。このような反省的なものとしての哲学、哲学自身についてさえも反省して生へと立ち戻るものとしての哲学、という哲学観もまた、最初の公刊論文「メーヌ・ド・ビランの反省の概念について」以来の松永の一貫した見方である。その論文で松永はフランスの反省哲学の伝統に言寄せつつこう述べている。「哲学とは、その中に実存を統合しようとすべきものなのではなく、逆に、それ自身が実存の中で統合されるべきことが問題であるような、他の諸様態と並ぶ一つの実存様態なのである。従って、［…］哲学自身の実存への統合が学としての哲学のうちで見届けられなければならない。言い換えれば、哲学的実存と同様に非哲学的実存も共に私の実存としてあるのだから、［…］これら哲学的と非哲学的との両様態における実存が、哲学に従事している私の実存との統一のうちで理解されなければならないし、哲学を遂行すること自身が或る特殊な一つの方向を持った実存運動であることが理解されなければならない」（『哲学史を読むⅡ』二六二頁）。

52 『私というものの成立』の「あとがき」、二三一頁。

53 『音の経験』三八〇頁。

自我論

〈私〉の現われをめぐって

松永哲学における自我と存在

川﨑惣一

1　はじめに　松永哲学はどんな哲学か

メルロ＝ポンティは『知覚の現象学』の序文のなかで、「真の哲学とは、世界を見ることを学び直すことである」という、印象深い一節を記している（Merleau-Ponty, *Phénoménologie de la perception*, p. XVI）。見るというのは非常にありふれた経験であって、私たちはふだん、これを易々と実践している（と思っている）から、たとえばケガや病気によって視覚に変調をきたした場合や、芸術作品を鑑賞するといった場合等々を除けば、私たちがあえて「見ることを学ぶ」必要を感じることはほとんどない。私たちは、誰に教わることもなく、ふと気づけば「見ること」をすでに始めてしまっているのだ。しかし、「見る」とはいったいどういうことなのだろうか。「見る」ことは世界に対する私たちの経験の一つの（多くの場合、特権的な）モデルをなしていると言えるが、「見る」という経験がいかなるものであり、またそれが私たちの思考や意識とどのように結びついているのかという問題は、実際には途方もない難問である。「見る」という経験があまりに自明なものである（と思われている）からこそ、これらをあらためて問い直すことが哲学の務めとなるのだ。

そしてそうだとすれば当然のことながら、私たちの思考そのものについても同じことが指摘できるし、また指摘されなければならないはずである。つまり私たちは、「思う」ことや「考える」ことそのものに対して、それを「学び直す」必要があるのではないのか。そしてそれは、哲学の根本的な課題であるはずである。

しかし、これまで多くの哲学が豊かな哲学なり思想なりを展開してきたことを認めるとしても、すでにさまざまな研究が明らかにしているように、ほとんどの哲学が、暗黙のうちにさまざまな前提を自明なものとし、しばしば、それに気づくことがないままである。哲学は伝統的に、自然諸科学の自明の前提を明るみに出し、科学の限界や有効性などを論じることを、自らの役割と任じてきたと言えるが、哲学そのものに対して同じような問題意識をもちながら探求を進めることは、それに払われてきた大いなる努力にもかかわらず、これまで、完全な成功をおさめたことは希である。冒頭に引用したメルロ＝ポンティについても、さまざまな評価はあれども、彼自身は晩年に、自分がかつては意識の哲学にとらわれていたという苦い告白をしたのであった。そして、彼がその晩年において、あらゆる前提を脱するのに成功し得たかどうかについても、やはり定かなことではない。

「始まりから始めること」を自らの課題としたのはメーヌ・ド・ビランであったが（Maine de Biran, *Mémoire sur la décomposition de la pensée*, p. 9）、この課題に、哲学者はどのように取り組むのがふさわしいのだろうか。しかし、「始まり」とはいったい何なのか。これをどのように設定するかによって、探求をどのような方向へと進め、また何をゴールとするか、といった問題が決まってくる。とすれば、すでに最初から、あらゆる哲学は避けがたく、一つの立場ないし見方を選択していることになりはしないだろうか。

松永哲学は、長い哲学の歴史のなかで、おそらく、この問題にもっとも自覚的であろうとした哲学（のうちの一つ）である。哲学者が自らの思想や概念装置を展開するときの、序列をさかのぼることによって、その射程や限界を見定めること。そして今度は、周到な目配りをしながら、順序よく問題を提示し、議論を展開していくこと。これが松永哲学の根本スタイルである。[1]

松永は私たちの日常的な経験を出発点とし、けっしてそこから遊離してしまうことがないようにつねに心がけている。言葉遣いはきわめて平易であり、目を引くような新しい用語や概念を作り上げることもない。難解だが内容のはっきりしない用語がかもし出す力に頼るのを、つねに避けようとする。その点からすれば、松永哲学は素朴と見られるかもしれない。しかし、それは、常識的な見方を退けることなく、むしろそれを積極的に引き受けようとしている点で、きわめて強力である。しかもその射程は、私たちが引き受けている思想の全体に及ぶほどに、広いものである。

松永の著作の読者は、とりわけ最近のものについては、「いったいこれが哲学なのか」という印象を持つことがあるかもしれない。ときに、当たり前のことを確認しているだけの記述であるようにも見える。しかし、あわてて読み飛ばしてしまうことを許さない、粘りと力強さがある。このことは、たとえば『言葉の力』『音の経験』と題された一連の著作に目を通してみれば理解していただけるに違いない。

ところで、松永哲学をひとことで言い表すとすれば、それは〈私〉の哲学である。中心にはつねに〈私〉の問題がある。したがって、自我論を主題とする本章は、疑いなく、松永哲学のエッセンスを相手にした章なのである。

なお、本論では自我と〈私〉、さらに我といったことばを同じ意味で用いる。「自我」とは心理学の用語であるが、ふだんの会話のなかで用いられることばでもあり、哲学や心理学でも、かなり便利な使い方をされているように見受けられる。（たとえば「近代的自我のはじまり」とか「自我の確立」といった言い回しは、実のところ内実がかなりあいまいである。さらに、精神分析のように、「自我」を「超自我」「エス」と並べて独自の意味を与えるといった場合もある。）松永は早い時期の論文では「自我」ということばを用いているが、やがて〈私〉という山括弧つきの用語を用いるようになるのも、こうした理由からであると思われる。しかし、本章は「松永哲学における自我論」という課題が与えられているので、「自我」ということばを用いざるをえないという事情がある。また、論文によっては、松永は「我」という用語も用いている場合もあり、厳密には区別が必要なのだが、本論ではそのニュアンスについてくわしく論じることはしていない。この点についてあらかじめ注意を促しておきたい。

2　自我の現われと情感
——自我を表象的構図のもとに理解することへの批判

さて、松永にとって、自我とは「現われ」である。現われることがなければ、けっしてそれと知られることはないのだから。といっても、松永が、たとえば「世界のすべては現われである」といったような、「現われ」の一元論をとっているわけではない。世界および世界のなかのさまざまな事物や他者たちについては、松永は知覚および行為を軸に考えようとしており、その際には「現われ」という言葉は用いられていない。「現われ」が言われるのはもっぱら自我すなわち〈私〉についてである。そしてこの〈私〉は、「現われ」ではありながら、同時に、「現われ」に尽きるものではない——それは「存在」でもあるのだ。次の箇所は、松永の自我論のエッセンスを表わしている。

『私』というものの基本的規定は何か。現われが存在をつくるような存在である、というものだと私は思う。(『知覚する私、理解する私』一七頁)

しかし、「現われ」というのは曖昧さを含んだ言い回しではないのか。松永がこうした言い回しを選ぶのには理由がある。まず、この引用箇所において示唆されているように、「現われ」とは権利上「存在」に先行しており、「存在」が与えられるのは「現われ」を通してでしかない。ところで、〈私〉について言えば、その「現われ」は「存在をつくる」とされている。これはどういうことか。一般に、「存在」という用語は「現われ」に比べていっそうの重みを備えており、その違いをひとことで説明するなら、「現われ」が「そのように見えている」「相対的なもの」を意味するのに対して、「存在」は「それ自体で存在している」「絶対的なもの」を含意している。したがって、我々が日常生活のなかで見たり触れたりするようなものは、まさにその見たり触れたりすることを通して「現われ」ているのだが、その経験のみでは、そうしたものの「存在」を言うことはできない。それらについて「存在」を言うためには、単なる「現われ」を「存在」へと変容させるような何らかの要因を付け加えてやらなければならないのだ。これに対して、〈私〉については、「現われ」が同時に「存在」でもある。この意味で、〈私〉はこう言ってよければ、いかなる存在物とも比較することのできない特異性を備えているのである。[2]

では、〈私〉に備わるこうした特異性がどのような仕方で主張され、根拠を与えられているのだろうか。

「意識と我」

松永の諸論考において自我論がまとまった仕方で提示されているのは、『哲学史を読むI』に収められた論文「意識と我」である。この論文のなかに、〈私〉という〈特異なもの〉の独特な「現われ」に関する松永の理解を読み取ることができる。

この論文は、意識を出発点としているはずのデカルト哲学が、我をその根拠として要請するという仕方で我を前提としてしまっているために、今度はその「我」が意識を基礎づけるという仕方で提示される、そうした転倒が生じることについて論じたものである。つまり、「我の概念は、いったん意識概念を可能にした後では、意識概念の自明な前提であると見なされつつも、その実、誇大化する意識の機能の内に呑み込まれていくことになる、そういう路線が敷かれていた」（『哲学史を読むI』六七－六八頁）というのである。

西洋近現代哲学が辿った解釈の道として、まず、デカルトにおいて直観が学の方法とされ、これが明晰判明なものへと向かうことが称揚されることで、現存知の不可疑性は直観による把握の不可疑性であると捉え直されることになり、さらに直観されるものの対象性がモデルとされて意識内容の現われが対象的な仕方をとると見なされることで、「意識を現われの唯一の場とする知の場面の一元性の思想」（『哲学史を読むI』七二頁）が確立されたのだ、とまとめている。

松永がこのような仕方で描き出そうとしているのは、「意識の概念の支配の下、かつ、意識の概念の或る方向への洗練化の過程によって、我の現存知が蒸発させられていく」（『哲学史を読むI』七三頁）という事態である。

では、この「或る方向への洗練化」とはどのようなものか。それは、「我の現存知」の問題を脇に置いて、私にとって何かが現われているという事態と、現われてくるさまざまな事象の内容とを重視し、我の現われの問題もまたこの枠組みのなかで処理されるようになった、ということである。このとき、意識は中心的な役割を与えられる。現われるとは意識にとって現われることであり、現われる内容とはまさしく意識の内容のことだ、ということになるからである。

しかし松永の考えでは、これは事柄の順序を転倒させた見方でしかない。デカルトにおいては「思い」が中心であり、〈私〉とは「考えるもの res cogitans」にほかならなかったのであるが、松永の考えでは、〈私〉の実質的な中身を作り上げているのは「情感」である。これは、我が思うときにいつも現われており、しかも「思うこと」の対象ならざる仕方で、我の「思うこと」そのものを支える働きをしている。

実際、我は、認識を目ざす思いの運動なき所でも、情感として現われており、のみならず、対象に向かう思いの運動を包むものとして、思いの成立のときにも、いつもいつも現われているのです。（『哲学史を読むⅠ』八五頁）

「現われ」と聞くと、我々は、それが「どこに」あるいは「何（誰）に対して」「現われる」のか、という問いの立て方をしたくなる。それに対して私たちは、それは「意識に対して」だ、と答えたくなるかもしれない。しかし松永の考えにしたがえば、そうした発想は、「現われ」を、意識が備えていると一般に見なされている表象的な構造のもとに理解する道であり、西洋近代哲学のたどった道である。それは、我の独特の現われを変質させて理解することであり、何より、現実性の概念が持つ豊かさを減じることである。松永は、「現われ」が「何の」「誰への」現われであるかという問いがぼかされるようになったことを、経験主義哲学のポジティブな成果であると考えている（「事実の概念の隠し持つもの」『哲学史を読むⅠ』九四頁)。「現われ」とは「我自身の現われ」であり、それはたしかに「我への現われ」以外のものではないのだが、それを表象的構造のもとに捉えてしまうならば、表象の内容とそれとは独立に存在している何か――たとえば、意識――とに分離されてしまうことになり、現われは二次的なものとされてしまうことになるのだ。

これに対して情感の特徴は、それが表象的構造をもたないことにある。つまり、情感が現われるのは意識に対してではなく、それじたいとしてであり、我々はそれを受け取るのみなのである。松永はそれを「享受する」という言葉で表わしている。

情感は或る何ものかについての情感ではありません。情感は全く表象性を持ちません。情感はただそのものとして現われ、享受されるだけものです。そのつど、我の現存の全幅を充たし、己と区別されるべき他を持ちません。なるほど、諸々の情感の区別が言われ得ますが、それは、我の現存の時に従った移ろい、情感の律動、これに由来する区別を言うのであり、この区別は、対象的に現われることどもの互いのいわば平面的な区別とは別ものであります。(『哲学史を読むⅠ』八六頁)

だとすれば、「享受する」という言い回しによって示唆されている、情感としての我の根源的受容性(松永はこの問題を論じるときはいつも、「受動性」ではなく「受容性」という言い回しを用いることに注意しよう）を、どのように考えていけばよいのか、これが大問題となる。それはどのようにして可能なのか、あるいはそもそもそれは可能なのか。この問題において西洋的な思考の限界が露呈されたのだとすれば、我々はこれからどちらへと進むべきなのか。しかるに、この論文は「我の本質を、思うことにではなく、情感の享受に見出す地点」（『哲学史を読むI』八七頁）で論が閉じられており、表象的構造批判の文脈のなかで取り出された「我」の内実としての「情感」そのものについては、展開されないままに終わっている。（〈私〉の「現われ」を作り上げている情感の内実がかなりはっきりと語られるのは、『〈私〉というものの成立』においてである。）情感は受容されるべきものであるとされ、それ自体が解明の対象とはなっていないのだ。とはいえ、情感はたしかに捉え難いものであるが、しかしそれは積極的な意味を持っているという点がここで確認されていることは、松永の自我論を理解するうえで重要なことである。

さて、そうだとすれば、情感が捉え難いのは、それが表象的な構造において把握されるものではないからであり、したがってまた、言葉で表現されるのが難しいからである、と説明することもできるだろう。そうだとすれば、我の内実をなす情感は、捉えどころのない曖昧なものでしかないのだろうか。しかし松永によれば、情感そのものは曖昧さを持たない。

情感は曖昧ではありません。己を己として、他との区別によってでなく、他との諸関係の規定によってでなく、現わします。そして、その現われにおいて己が自己を作ります。しかして、

この現われとしての存在、これが我の現存に他なりません。(『哲学史を読むⅠ』八六頁)

しかし、ここで松永の論述を離れて考えるならば、情感の受容によってもたらされた現存知は、これだけでは「我」としての地位を持つことができないのではないか、と思われてくる。というのも、「我」であるためには、「我」ならざるものとのかかわりのなかで、それらと区別されることを通して独自性をそなえた何か確たるものとして現われてくる、そのようなものであるはずだからである。現存知のみからなる「我」とは偏在する「我」であるがゆえに、「我」ではない。したがって、「我」が世界のなかで、他なる人や物とのかかわりのなかで、どのような仕方で現存しているのかを問う必要がでてくるように思われる。(この点については後で立ち戻ることにする。)

「世界と我」

情感が享受されることで得られる「我」の現存知、しかもその現存知は同時にまた、世界が存在することそのものについての知でもある、と論じられているのは、「世界の私的性格について」と題された論文においてである。この論文では、世界が私的性格をもつことが、私の現われと世界の現われが同時であることに基づいて説明されているのである。

この論文はデカルトの『省察』の解釈を行うという仕方で、松永の哲学が描き出されている。ただし、あくまでもデカルト解釈という枠のなかなので、その記述のすべてを松永独自の主張として理解するのには一定の留保が必要である。しかしその論の進め方は、松永自身が『哲学史を読むⅠ』の「はしがき」で記しているように（『哲学史を読むⅠ』ⅱ－ⅲ頁）、デカルトの忠実な解釈ではなく、松永自身の問題意識に基づいたものであることから、松永自身の哲学を展開したものとしても読めるであろう。

この論文の論調を規定しているのは、存在するとはどういうことかの理解、という問題である。松永によれば、存在するとはどういうことか、の理解は、思惟とは別のところで手に入れられている。「我の現存知は思惟（…）によってもたらされるのではない、と言わねばならない」（『哲学史を読むⅠ』二二六頁）。ただしこのことは、「思惟は我の現存知を根拠としているが我の現存知は思惟を必要とはしない、という意味で解されるべきである」。現存知に比べれば、思惟というのはあくまで余剰分でしかない。

かくして松永は、「『我疑う、ゆえに我在り』は回心の表現である」と記す。これを言い換えれば、「疑うことの現実性において我の現存知はいわば純粋化される」（『哲学史を読むⅠ』二二六頁）ということである。

とすれば、根源的なのは我の現存知の方である。そしてこれこそが、我のみならずすべてのものが存在することそれ自体の理解を私にもたらしている。

これは思惟の手前で我の現存知に際し経験されている。我の現存知は「現存の観念」としての

知ではない。主観＝自体関係の手前の知、存在の意義到来そのものである。（『哲学史を読むI』二二七頁）

松永は、デカルトの議論から思惟に先立つ意識の変容というものを引き出してきて、これがそのまま「我の現存知」であると同時に、〈物体〉の現存の告知でもある、と述べる。そして、こうした変容がデカルトにおいて「感情」として把握されていることに注意を促し、感情こそが我の現存知の内実をなすもの、と結論づける。現存する〈物体〉の現存については、感覚的質が、一方では感情に裏付けられつつ、他方で我々の身体のプラクシスを媒介させることで、現存する〈物体〉を告知するのだ、と説明する。かくして、「現存に関し、『我在り』と『世界在り』とは全く同一の事態を表明する命題でしかない」（『哲学史を読むI』二四三頁）という注目すべき結論が導き出されることになる。

こうした論述を詳細に検討することは、本論の範囲を超える。ここでは、こうした論述のなかで、「感情」が、「我」の現存を成立させている「絶対的受容における知」（『哲学史を読むI』二四三頁）、あるいは、「絶対的訪れ、すなわち能動の相関なき受動」（『哲学史を読むI』二四二頁）として描き出されていることを指摘しておきたい。ここでも、松永哲学においては一貫して、自我をもっとも深いところで作り上げているのは情感である、という主張が維持されていることが分かる。（そして、こうした自我観は、たとえば後の著作で見られる、「『私』の最も深い内実をつくる情感性」（『知覚する私・理解する私』一九頁〉という言い回しにも表われている。）とすれば、松永のいう、「我」の内実をなすものとしての「情感」とは、「我の意識」の「変容」というデカルト的な「感情」のことなのか。これにはっきりと肯定的に答えることができるだけの根拠を、松永の記述から見出すことはできない。ただ、我の現存知をなす「感情」の「受容」という事態が語られているのみなのである。

ここで先の指摘に立ち戻ることにしよう。それは、情感の「享受」によって成立してくる〈私〉は、まだ、世界のなかに生き、他者たちとかかわり合う〈私〉にはなりえていない、という点である。このことは、〈私〉というものが、単に「享受」のみによって成り立っているのではないことを示唆している。確かに、赤ん坊において〈私〉というものが成立してくるときのことを考えるならば、その始まりは「享受」ということばでしか呼び表わせないような事態でしかないのかもしれない。しかし、とりわけ、現にいま見出される我々自身の在り方を考えてみるならば、むしろ〈私〉は、世界のなかで、私ならざる他者や事物との具体的な係わり合いをのなかで、自らを作り、維持しているものでもある。そこで次に、松永が、とりわけ現在という時間とのかかわりで、〈私〉の成立をどのように分析しているかを見てみよう。そしてそのとき、〈私〉ならざる他者たちもまた、議論のなかに登場してくるはずである。松永哲学において、この問題はどうなっているのだろうか。

3　〈私〉の成立と、現在という時間とのかかわり
――『知覚する私・理解する私』『私というものの成立』によせて

松永は一九九〇年代の二つの著作（『知覚する私・理解する私』および『私というものの成立』）で、現在という時間において成立してくる〈私〉のありようを解明しようとしている。その理路を見届けながら、一つの問題を提起してみたい。

さて、『知覚する私・理解する私』は〈私〉の成立を主題的に論じた著作ではない。むしろ、そのいわば準備段階として、物の知覚と、物の世界での出来事の理解が論じられている。〈私〉の成立の問題については、松永の考えが、その著作のなかの「はしがき」に凝縮された仕方で提示されており、まずはこれを参照してみよう。

すでに見たように、松永によれば、〈私〉の成立は、〈私〉の現われに基づいている。そして、現われの内実がそれと知られるようになるためには、現前するのでなければならないのだが、現前するとは現在において現われることに他ならない。したがって、「現前を言うとは現在という時間を

考えることなしではできないことである」（『知覚する私・理解する私』一七頁）。

当たり前のことが言われているようにも見えるが、問題になっているのは、現われることが現在という時間の成立とどうかかわっているのか、である。〈私〉が現われてくる時間が現在なのであって、しかもそのとき〈私〉はつねに、「すでに在ってしまっている」という仕方で現われている。

一体、現在とは何か。私の考えでは、現在とは現前するものの定まりの生起そのことである。そうして、実にその生起のうちに私が『私』を、どうしようもなく在ってしまっているものとして見いだしてゆく時間である。（『知覚する私・理解する私』一八頁）

ここで、現在という時間について語るためには、現在ならざる、過去や未来といった時間のことがあわせて念頭に置かれているのでなければならない、と指摘することもできるかもしれない。しかし松永の目的は、現在という時間の豊かさの内実を見定めることである。〈私〉が成立してくるのも、この現在からでしかありえないのであり、その豊かさは、〈私〉が現存しているというそのことによって内容を与えられているのだ、とされる。

そして、この『私』にあって、広がりの様態によって区別されつつも同時に保持される諸々の現われの一切は一つに溶け合っていて、そこで、『私』はいわば偏在する精神であるかのごとき仕方で在る——現われの享受そのこととして存在をそのつどに成就している、現存しているのである。（『知覚する私・理解する私』一八頁）

過去や未来という時間を云々することができるのは、この現存に支えられたうえでのことである。ところで、現存するものとして成立してきた〈私〉は、同時にまた、自分が他のものや人に囲まれた仕方で世界のなかに居合わせながら、肉体を備えた存在として行為し、周囲のものに働きかけたり、働きかけられたりする、そのようなものであることを、自ら承知してもいる。行為することとは時間の流れに沿いながら行為することでもあり、そして〈私〉はそのことを了解しているのだ。

私は、『私』というものを、現在という時間に密着した在ることと、時間を組織してゆきながら為すこととの二重の相のもとで考えるべく、いつも強いられる。（『知覚する私・理解する私』一八頁）

ここで「二重の相」と言われていることに注意しよう。〈私〉がまず現存して、その〈私〉が行為するというのではなく、〈私〉とはそもそも、まさに一連の行為のなかで成立してきたという点である。本論では扱うことができないのだが、松永は行為の問題を論じるうえで、「肉体」が重要であるにもかかわらず忘れられがちであることを繰り返し強調している。したがって、〈私〉の成立の問題は、肉体による行為という相と切り離して考えることはできない。そして行為するとは時間の流れに沿って行為することであり、〈私〉の内実は、まさにそうした時間の流れのなかで与えられるものである。

> 私が思うに、(…) 動物として生き、活動する肉体における『私』の誕生という仕方でこそ問題は立てられるべきで、それは、知覚と運動との基礎の上に、問うこととともに成立する意志的主体、従って行為主体の発生と、それと相即的な情感性の発生、ゆったりした幅のある現在の享受を可能にし『私』の最も深い内実をつくる情感性の発生と、これらをたずねることでもって果たされるであろう。(『知覚する私・理解する私』一八–一九頁)

魂のような実体や、あるいはそこまでいかなくても、精神といった漠然とした領野のようなものを暗黙のうちに想定しつつ、肉体から独立した思考する〈私〉から出発するような自我論を、松永は批判している。なぜなら、そのような仕方で〈私〉というものが措定されてしまえば、今度はそれが肉体とどのような関係を結んでおり、さらにその肉体を通して世界のなかでどのように知覚し運動するか、ということが絶望的なほどの難問として現われてこざるをえないからである。そうではなく、順番を逆にして、知覚し運動する肉体を基盤として〈私〉がどのように成立してくるのかを問わなければならないわけである。

「自分が書き込まれた地図を描く」

この問題が論じられているのは、『私というものの成立』に収められた松永の論文「自分が書き込まれた地図を描く」においてである。

この著作のタイトルが示している〈私〉とは、哲学的主体としての〈私〉ではなく、「生活の中の自己」のことである。なぜなら、「哲学の主体は直ちに生活の中の自己へと取り戻されるべくあってこそ存在理由を持つ」からである。こうした構えは、フッサールの「生活世界」の概念、つまり、あらゆる主題化・客体化に先行する「生きられた世界」への環帰というモティーフなどから考えるならば、それほど特異なものというわけではない。むしろ、二〇世紀の哲学の潮流に掉さしたものと理解することができる。

この著作のタイトルは「私というものの成立」であるが、この問題意識もまた、こうした構えのもとに設定されている。つまり、一人の人間がこの世界のなかに誕生してから〈私〉がいかにして成立してくるか、という問いではなく、〈私〉が既に在ってしまっている、ということを所与の事実として、そこから〈私〉をめぐる問いを展開していく形になっているのである。「哲学は日々の『〈私〉の成立』という事態が遂行していることに力添えをする試みだと私は思う」（『私というものの成立』一二頁）。したがってこの著作は、〈私〉の発生論的な探求を（少なくとも主要な）課題とするものではない。

むしろ〈私〉は、あらかじめすでに与えられてしまっているところが出発点であり、強調されているのは、〈私〉がおのれ自身を（再び）見出すことによって自らを（再）獲得し、（再）確認するプロセスである。

〈私〉とは己を見いだすそのことのうちで存在をそのつどに獲得する存在なのであり、その見いだしにおいて、体の在りようを含めて一切は、その見いだされる内容の供給者ないしは規定者として経験されるものである。（『私というものの成立』ii頁）

このプロセスこそが、〈私〉に対して現在を与える、すなわち、〈私〉が存在していることそのものがはらんでいる時間性を開くのである。

私が「私」という言葉を口にしないまでも、己を、〈私〉を確認する時、その確認そのことが〈私〉をその確認の現在において確かに在るものとして立たせるのである。いや、それが現在という時を〈私〉にとって経験でき〈私〉の存在の時間であるものとして開くことである。（『私というものの成立』iii頁）

「私自身による〈私〉の確認」がなされるとき、それが「現在」と呼ばれている時間を開く。とすれば、このときの「現在」とは厳密な瞬間ではなく、一定の幅をもった「いま」のことである。（「いま」ということばは、「いま、行きます」とか、「いま、そこで高橋さんに会った」というように、一定の時間的な広がりを含んでいる。）我々が「いま」という時間に対して、それが「そのつどの現在」でありつつ、同時に一定の幅を持っている、つまり、「いま」のなかで時間が流れてゆくことを含んでいる、そうしたことが理解されるような仕方で開かれているということが、我々のとっての時間の原初的な姿である、とこのように理解していくこともできるだろう。

> 結局のところ、〈私〉は、在ってしまっていることと、これから在ろうとすることとの間で、曖昧な存在で、まさにその間に出現しながら、既に在ってしまっていることを見いだしつつ、その見いだすことそのことにおいて、これから在ろうとすることを準備し方向づけてしまうもの、積極的に方向づけもするし、そうしないまでも方向づけたことになってしまう、あるいは、ならされてしまう、そのような存在、そして、その見いだしと方向づけとによって、在ってしまったこと、これから在ろうとすることとの間で現に在ることを獲得する存在なのである。
> （『私というものの成立』iv頁）

こうした「〈私〉による自己確認」というモチーフを、松永は「自分が書き込まれた地図を描く」

という印象深い例によって描き出しているが、このモチーフは空間性のみならず、時間性を含みこんでいると理解されるべきであり、それは上にあげたような意味での自己確認のプロセスとしてなのである。

　こうした〈私〉の規定に対しては、社会的存在としての人間という観点が含まれていないように見える。また、〈私〉なる存在をそのいわば内側から規定している無意識の問題が抜け落ちているようにも見える。しかし、松永が出発点として選んでいるのは、あくまでも現に成立してしまっている〈私〉である。

> 確かに、〈私〉の成立は既に社会的な事柄や他の人々との関係を抱え込んでいる。無意識という（概念として流通しているが、ただし実は曖昧である）ものも〈私〉の内容にとって重要であることも今日では常識にさえなっている。けれども、成立している〈私〉はどうしようもなく個としての〈私〉である。個であることと生きることとは同じことになっている。そして、〈私〉の在りようを規定するさまざまの事柄のただなかで、独特の個として現れる〈私〉自身こそ、〈私〉の在りようを規定する諸々の事柄の中の、他に譲り得ない中心であると、このように〈私〉は自己了解するのである。（『私というものの成立』vii頁）

とはいえ、ここで言われている「〈私〉の在りようを規定するさまざまの事柄のただなかで、独特の個として現われる」ということばをどのように理解するかによって、議論がさまざまなものでありうる。そして「どうしようもなく個としての〈私〉」を言うためには、〈私〉ならざるものへの言及は欠かせないはずである。それは〈私〉ならざる、しかし〈私〉と同じ資格で存在するはず（そのように他ならぬ〈私〉が承知しているような）他者たちである。

〈私〉というものの成立と、他者たち

〈私〉の成立に他者が欠かせないことは、松永も十分に承知している。たとえば彼は、「人との出会いが、〈私〉の成立にとって不可欠の根本的経験である」（『私というものの成立』五〇頁）と記している。この一文は、赤ん坊が周囲の大人たちとのやりとりのなかで〈私〉というものの存在を手に入れるようになる、その場面において記されているのだが、実際、論文「自分が書き込まれた地図を描く」では、発達心理学の成果が存分に取り入れられながら（しかし、誰のどのような考え方を参考にしたかは示されないまま）、赤ん坊において〈私〉が成立していく様子が非常に綿密に再構成されている。その説明においては、表情や仕草、音声の模倣をめぐる、母親に代表される他者とのかかわりが、きわめて重要な役割を果たしており、したがって松永が他者の存在に疑いを抱くとか、独我論の立場をとるとか、そういったことはまったくない。

むしろ松永は、〈私〉の成立における他者の介在を積極的に認めている。たとえば彼は、赤ん坊の音声に対する周囲の者たちの模倣、あるいはまた、彼らの発する音声に対する赤ん坊の模倣、こ

うした相互模倣による音の一致が、赤ん坊と周囲の者たちとの情緒的な一致を引き起こすことを強調している。

> 音の一致の中身は、音の物理学が教えてくれるような一致であるよりは、情緒的一致、情緒的同調によって共同性がつくられ確認されるようなたぐいの一致なのである。（『私というものの成立』五七頁）

こうした情緒的な一致を場として、〈私〉の内実をなす情感性もまたいわば析出されてくるのであり、したがって〈私〉とは不可避的に、他者たちとのかかわりのなかでそれとして現われてくるのである。このとき他者たちは、いまだ〈私〉ならざる赤ん坊の仕草や表情、赤ん坊の発する音声に呼応し、ときには模倣することで、赤ん坊の動作に一定の型を与えるとともに、赤ん坊との間に情感性における一致を作り上げていくことで、いわば、赤ん坊の〈私〉が成立してくるための土台となる土地を耕し、畝溝を掘る働きをしているのだ。

そして、〈私〉が成立してくるのは他者たちの間にであり、したがって、〈私〉の経験する世界というのも、他者たちと共有された世界にほかならない。

人と人とがつくる世界があってこそ〈私〉が成立してくるのであるから、物というものも、この世界の中でそれぞれの位置を取ってくる仕方で〈私〉の経験に入ってくる。つまり、諸物は、最初は、自分にとって何かとして現われる前に、他の人とそれらがどのような関係にあるのか、そのことに左右されて〈私〉の経験世界に登場するのである。（『私というものの成立』六六—六七頁）

にもかかわらず、これほどまでに重要な位置を占める他者そのものに議論の向きを変えたとき、たとえば他者のなりたち、他者の現われについては、どのように考えるのがふさわしいのか、という問いに対して、松永の議論は答えを持ち合わせていない。他者の現われや現存については語られることがないのだ。あるいはまた、我々が他者を他者として認知するときの詳細についても、何も語られないままである。彼が他者について語るのは、あくまで、〈私〉の抱く存在の感情、〈私〉自身による自己の把握の委細を明らかにする途上においてである。たしかに、他者が存在することは、〈私〉の現存について語りうるのとはまったく異なる難しさをはらんでいるために、〈私〉とは同列に扱うことができない。それに、他者の認知をあらためて哲学的に再構成してみるのも、あるいは逆に他者の存在を疑ってみるのも、どちらの態度も我々の日常的な実感からかけ離れてしまう。他者は気づいたときにはすでにそこにいるのであって、我々は他者たちとのやりとりのなかでそれと確信しているのであるから。つまり、他者は問題となるよりも前に、まずは、前提となっているのである。

〈私〉は、自分の存在という最も重い現実が感じられるようになる時、己ならざるものから自分を区別しつつ成立してくる。その己ならざるものは、物と人から成るが、いずれも最初は安定したものとして出会われる。（『私というものの成立』六九―七〇頁）

〈私〉というものの成立が実現するのは、まさにこうした係わり合いを土台とすることによってこそなのであり、物と人とに囲まれたなかで、〈私〉はその存在の内実を獲得していくのである。松永は他者の問題には触れることなく、あくまで〈私〉の成立の場面から目を離すまいとする。

〈私〉はいつも在ることと為すこと、己の存在の感情と、力としての自己把握と、両者の微妙な交錯のうちで揺らぎながら成立してくる。（『私というものの成立』七一頁）

もちろん、〈私〉をめぐる問いかけを行なっている我々自身の場合について考えてみればまさしくそうであるように、すでに〈私〉が成立してしまったあとでは、その「すでに在ってしまっている」という事実を引き受けるという仕方でしか、問いを深めていくことはできない。そのとき我々は、我々自身が、過去からの時間を貫いて同一性を保ち続けている〈私〉であることに気づかされることになる。

私は自分が時間の経過を通じて首尾一貫した人格であることを己に要請し、そのもとで行為するのだが、その一貫性を成立させる要件の中には、物や他の人々と自分との関係が大きく入り込んでいるのである。（『私というものの成立』七四頁）

たしかに他者は、一定の態度のもとに私に接近してくる。他者の呼びかけを受け取り、他者によって特定の人格として承認されていることを承知しているということが、私という人格の一貫性を支える太い柱になっていることは間違いない。だが、他者は、〈私〉の一貫性を成立させる要件をはみ出す側面、たとえば、〈私〉の一貫性を要求したり促したりするものでもあるはずである。〈私〉はたえず自分を中心とした地図を描き直しているのだが、そこに当然のことながら描き込まれている他者たちは、〈私〉が活動していく場を構成しているモニュメントのようなものではないのだから。しかし松永はこう書くばかりである。

そして、私の地図に登場する人々もまた各自の地図を携えてそれぞれに己を〈私〉として自己了解していることを私はわきまえている。（『私というものの成立』七四―七五頁）

もちろん、この著作の主題は、〈私〉の成立と時間とのかかわりを解明することにあったのだから、他者の問題といった、主題ならざる大問題をつきつけることは、不当なことなのかもしれない。むしろ松永自身が繰り返し、〈私〉の成立における他者の介在について触れているのであるから、こうしたまとめ方は、寿司屋にステーキがないとクレームをつけているのに等しいのかもしれない。

とはいえ、さらに別の面からも、他者の問題は、松永哲学の自我論において不可欠だと指摘することができるように思われる。それは、先に〈私〉の内実をなすものとされた、情感性に関してである。というのも、情感性は、〈私〉のみに閉じたものではなく、むしろ他者たちとの関係のなかで感じ取られるものだからである。先に、赤ん坊における〈私〉の成立の場面で情感的な一致のことが語られていたことを思い出そう。発生的な観点から考えて、情感性というのがそうしたものであるとするならば、〈私〉の（現存知の）内実をなすものとして情感性を語るとき、すでにそこには他者が影を落としていることを、指摘しないわけにはいかない。そこで、こと〈私〉の内実について深く掘り下げて問うことを目指すのであれば、とりわけ、〈私〉の現われをなすとされてきた情感性の問題を、あらためて他者との関わりという観点から解明し直していくことが必要になってくる。〈私〉と他者たちの情緒的な一致という共同性がどのような仕方で形成されており、〈私〉および〈私〉ならざるものがいかにして析出されていくのか、またこのとき、そうした共同性が〈私〉のなかでどのような形で残り続け、〈私〉の基盤を構成することになるのか、そしてそれが、〈私〉と他者たちとのかかわりのなかでどのような役割を果たすことになるのか、そういったことが詳細に分析されなければならないだろう。

4　おわりに

松永はいつも、（時として思考の切れ味やラディカルさを見せびらかすかのように）常識を一刀両断にする、という態度を批判し、あくまでも常識に寄り添い、その基盤や来歴を明らかにすることで、その可能性と限界を見定めようとする。

常識のいい加減さを暴いて、より正しい考え方を示してみせる、という立場の考察は多い。しかし、それぞれの場面での常識の繊細さと堅固さと柔軟さを認めよう。（…）常識の弱さは、場面から場面へと移るときの切り替えの道筋を自分でよくは知らずになしているということにある、と私は思う。常識は、おのれの諸前提に無自覚なところがあり、だから順序には無頓着である。そこで、常識に順序の明るさを与えてやれば（適切な順序関係のうちに位置づけてやれば）、常識の健全さをどの点で認めてやれるのかはっきりできる。学問と称する、鋭くはあるかも知れないが偏ってしまいがちな見解、これの適正な居場所も、全体を見渡し順序を重んずる考察の中で分かってくる。そうして、哲学とはそのような考察なのである。すると、哲学は、当たり前のことの当たり前さをきちんとみさせてくれるはずのものである。（『音の経験』三九一–三九二頁）

松永によるこうした哲学観は、一見すると非常に素朴かつシンプルであり、深遠さに欠けるように思われるかもしれない。しかし、哲学的な議論に少しずつ慣れてきて、一定の哲学史的知識を身につけたうえで再読してみるならば、その議論が膨大な知見に裏打ちされたものであり、周到に計算された注意深さを備えていることに気づくことができるだろう。

4　おわりに

本論は松永哲学の自我論を主題とするものであり、これは最初に述べたように、松永哲学の根本問題である。したがって松永の著作を読む我々は、そのなかで、我々の常識を深く掘り下げながら、〈私〉をめぐる諸問題に対して新しい見方を提示してくれるような論考を期待するであろうし、また、その期待は裏切られることはないだろう。

しかし、松永哲学において、〈私〉をめぐる数多くの問題のすべてが解明されたということはないし、そのようなことが主張されているわけでもない。たとえば、言語が〈私〉の成立はどのようにかかわっているのか、という問題等については、まだ準備が整っていないという理由で論じられないままになっている。また、発達心理学などの心理学の諸分野や認知科学、精神医学・精神分析等々の進展にともなって、〈私〉をめぐるさまざまな問題に対して示唆を与えてくれるような発見や理論が次々と提示されてきており、我々はそれらの成果を踏まえつつ、新しい仕方で〈私〉をめぐる諸問題に取り組むことが可能になっている。そのことは、おそらく松永哲学が示した自我論を延長・発展させていくのを可能にしてくれるであろうし、ひょっとするとそれは松永哲学に対して、何らかの訂正、場合によればかなり根本的な修正を迫るようになるのかもしれない。そうした仕事は、我々の手に託されているのである。

註

1　思い出話になるので敬称を用いることをお許しいただきたいのだが、松永は講義などでしばしば、特定の学説なり学問分野なりについての「処方箋を書く」ことが哲学の仕事だ、とおっしゃっていた。我々がものを考えるときに、前提としている見方や考え方、思い込みを明るみに出して問い直すことの重要さや、難解な哲学用語をもて遊んだり、概念を乱用したり、検討されていない前提を「密輸入」したりすることを戒めるという姿勢を、松永から学んだ。(それを忠実に実行しているとはとても言えないが。)

2　松永はメーヌ・ド・ビランの「存在することと現れることは自我の意識においては一致している」(Maine de Biran, *Nouveaux Essais d'anthropologie*, p. 78) という言葉をその初期の論文「メーヌ・ド・ビランの反省の概念について」のなかで引用している(『哲学史を読むⅡ』二八〇頁。ただし松永論文の引用箇所では「現われること」が「現象」になっている)。松永の修士論文が「メーヌ・ド・ビラン研究」であったこと、さらに多くの論文でビランの思想から多くを汲み出そうとしていることからもうかがわれる通り、松永哲学がビラニスムから根本的な影響を受けていることは疑いない。とはいえ松永は別のところで、ビランが、自我の非表象的な現われから目を離すことなく提示した独自の「意識」概念に、西洋近代哲学における伝統的な意識概念に即した関係的構造を持ち込んでいることに警鐘を鳴らしてもいる(『哲学史を読むⅠ』七一頁)。したがって、〈私〉の「現われ」の理解は、ビラニスムをはじめとする浩瀚な哲学史的研究

（とりわけ一八世紀のフランスおよびイギリスにおける哲学史的研究）に基づいたものではあるが、根本的には、松永哲学のオリジナルな発想によるものだと言える。

文献

Maine de Biran, *Mémoire sur la décomposition de la pensée*, Œuvres, t. III, Paris: Vrin, 1988.

Maine de Biran, *Nouveaux essais d'anthropologie*, Œuvres, t. X-2, Paris: Vrin, 1989.

Merleau-Ponty, Maurice, *Phénoménologie de la perception*, Paris: Gallimard, 1945.（メルロ＝ポンティ『知覚の現象学1』、竹内芳郎・小木貞孝訳、みすず書房、一九六七年）

科学論

世界を理解する論理

『知覚する私・理解する私』によせて

山口裕之

1　科学は「普遍的で客観的」なのだろうか

現代における一般的な科学のイメージは、「普遍的・客観的に正しい」というものではないだろうか。それゆえ、なにか困ったことが起きた場合には、「科学的に解決を図るべきだ」というセリフが呪文のように唱えられる。

近年、地球温暖化が大きな問題となっているが、温暖化を事実と認め対策のために化石燃料の消費を抑えるべきだと主張する人々と同様、温暖化は事実ではなく経済発展のために化石燃料をどんどん消費すべきだと考える人たちもまた、「温暖化問題の解釈や解決には科学の成果を待つべきだ」などと主張したものである。だいたい、複雑な問題に対して科学者の意見が満場一致して、誰しもが認める「科学的に正しい」結論が出ることはあまりないので（もちろんそれが批判的精神を備えた健全な科学の姿だ）、「科学的結論を待とう」と言えばかなりの期間、時間稼ぎをすることができる。

そういう現実があるにもかかわらず、科学が「普遍的で客観的だ」とは、具体的にどういうことなのだろうか？　この点について考えるところからはじめたい。

まずは、「普遍性」について。「科学は普遍的に正しい」と考える人々は、「現象の背後に、普遍的な自然法則が実在する」というイメージを持っているのではないだろうか。

一九九〇年代にアメリカを中心にいわゆる「サイエンスウォーズ事件」が起こった。人文社会系の科学論者たちが、「科学的知識とは人間が社会的に生産する知識であって、実在を捉えたものではない」と主張した（と科学者たちが受け取った）ために、科学者側が反発したことが事件の背景にある。さる物理学者が、人文社会系の雑誌に科学論を装ったニセ論文（物理学についての間違った記述を意図的に含ませた論文）を送るなどの挑発行為を行ったことが発端となり、多くの科学者や人文社会系の科学論者が参加した一大論争に発展した。

この事件からはっきりしたことは、一般大衆のみならず、科学者自身もまた、結構大多数が、「現象の背後に普遍的な自然法則が実在する」と考えているらしいことであった。

科学研究とは大変に骨の折れる営みである。実験でまともな結果が出るまで研究室に泊り込んだり、研究費を獲得するために膨大な書類を書いたり、常勤のポストに就くまでは薄給で身分保障のない研究員を続けたりせねばならない。そうした苦労の結晶ともいうべき科学的知識が「実在を捉えたものではない」などと言われたら、侮辱だと感じて反発するのも分からないわけではない。

しかし、立ち止まって考えてみよう。「法則が実在する」とは、どういう意味なのか？「現象の背後」とは、具体的に言って、どこなのか？

古代ギリシアの哲学者プラトンは、「イデア論」を唱えた。これはまさに、「現象の背後に普遍的なイデアが実在する」という説であった。

身近な例で考えてみよう。我々は、柴犬を見てもセントバーナードを見ても、さらにはチワワを見てもチャウチャウを見ても、「犬」だと分かってしまう。これはなぜだろうか。チワワとセントバーナードなんて、ほとんど似ていないのに。

イデア論の考えでは、これは我々が、個々の犬という現象（仮の現われ）を通じて、真の実在である「犬のイデア」を把握するからである。我々は生まれる前は、純粋なイデアの世界に住んでいるのだが、この世に生まれたときに、生みの苦しみによってそれを忘れてしまう。でも、なんとなくイデアを覚えているので、この仮の世の現象を見ても、なんとなくイデアが見える。

ずいぶん乱暴なまとめ方で、プラトン学者に怒られそうだが、だいたいそういう話である。学生にこういう話をすると、十中八九、「イデアって何だか分からない」、「バカげている」などと反応するのだが、こうした発想はバカげているだろうか？　しかし明らかに、「現象の背後に普遍的な自然法則が実在している」という発想は、「普遍的なイデア」を「普遍的な自然法則」と変えただけで、イデア論と同型である。つまり、プラトンが考えていたことは、現代の科学者が自然法則の存在について考えていることとそれほど隔たっていたわけではないということである。だとすると、イデア論がバカげているというなら、科学も同じぐらいバカげているということになりはしないか（あるいは、議論の成否はともかく、「現象の背後」という曖昧な言葉を何とか説明しようとした点で、むしろプラトンのほうが「良心的」といえるかもしれない）。

もちろん、現代の科学はプラトンのイデア論の直系の子孫、というわけでは必ずしもない。科学の成立には、キリスト教的な思想がかなりな程度影響を与えている。俗に、「キリスト教は科学に無知で、その発展を阻害した」などといわれるが、それは真っ赤なウソだといっても過言ではない。

たとえばコペルニクスは聖職者（司祭）で、地動説の出版をローマ法王に勧められている（どういうわけか日本では「コペルニクスは教会に迫害された」という誤ったイメージが流布しているのだが）。中世以来、自然研究は、自然現象を通じて神の叡智を見出すという宗教的動機によって押し進められた。それゆえ、自然についての学問研究を行っていた者の多くは聖職者、修道士であった。

「自然法則」が物体の制御や現象の予測に威力を発揮するのは、一七世紀にニュートンによって古典力学が体系化されたころであるが、当時は、「諸現象が自然法則に従うのは、神がこの世界を自然法則にのっとって創造したからだ」という考え方が主流であった。つまり、自然法則はこの世の諸現象に先立って神の側にあると考えるのである。それゆえ、被造物であるところの諸現象が従っている自然法則を知ることが、神の叡智を知ることになるわけである。

たとえば、マルブランシュの「機会偶因説」やライプニッツの「予定調和説」などは、そうした考え方から出てくる思想である。ニュートン自身もまた、「万有引力の原因は神である」とほのめかしている。いわゆる「万有引力の法則」とは、「物体間には、質量に比例し、距離の二乗に反比例する引力が働く」ということだが、「質量があること」と「引力が働くこと」のあいだには論理的な関連はないので、質量と引力のあいだにそうした関係が成り立つことの原因を問うなら、「神がそのように創造したからだ」と答えるほかない、ということである。

要するに、自然科学の成立の背景には、「現象の背後に神につながる実在としての自然法則があるはずだ」という信念があったわけだ。「現象の背後」や「実在」という概念には、キリスト教的な神の概念が結びついているのである。自然科学が近代ヨーロッパにおいてのみ登場したことの理由は、このあたりにあるだろう。そして、現代でも多くの科学者が（漠然とであれ）「現象の背後に普遍的な自然法則が実在する」と考えているということは、そうしたキリスト教的な信念の骨子が、神が科学の表舞台から退いた現在でも、科学者たちのあいだに受け継がれているということに他ならない。

2　科学の「客観性」について

科学についてのもう一つのイメージ、「客観的である」という点についても少し考えておきたい。「客観的」という言葉も、「普遍的」という言葉と同様、必ずしもよく分からない言葉だが、ここでは「無前提的で、特定の利害関心を持たない」という意味だと考えておこう。よく言われる例を挙げれば、「原子爆弾を開発したとしても、科学そのものは悪くない。科学は中立だ」というような意見が前提とする科学のイメージである。こういうイメージが広くいきわたっているからこそ、地球温暖化を事実だと考える側も、温暖化を事実と認めたくない立場の者も、ともに「科学的に解決」と主張するのである。

しかし、科学は本当に、何の前提もなしに対象を捉えるものであろうか？

もちろん、特定の科学者個人の私利私欲や、研究費のスポンサーになる政府や企業の利害関心が科学研究をゆがめることがあってはならない。これは現代における科学研究の基本的なルールである。研究者の中には、研究費を出してくれる企業や団体に都合のよいテーマについて研究する者もいるかもしれないが、そうした場合でも、スポンサーの気に入るようにデータを改ざんすることまではしないだろう（それほどではない健康増進効果や減量効果をことさらに強調する、といった程度のことはあるのかもしれないが）。

また、冷戦体制下での物理学研究が政府の巨額の資金によって推進されたことは、核兵器開発と密接に関係があったと思われるが、いくら資金を出したところで、物理的に不可能な兵器が実用化できるわけもない。それに、個々の物理学者の多くは、政府の関心を引きつけつつ、結局は自分たちのやりたい研究を（つまり物理学の発展のために役立つと彼らが信じるところの研究を）やっていたのではあるまいか。

というわけで、個人的な利害関心によって科学研究の結果が改ざんされることがあってはならないし、いくら関心があってもできないことはできないのだが、ここではそういう話ではなく、科学研究そのものの前提として、なにがしかの「関心」が働いている、ということを指摘したい。

ごく簡単な例を考えてみよう。目の前で木から熟したリンゴが落ちたとする。それを見た物理学者と植物学者は、同じ結論を引き出すだろうか。もちろんそんなことはありそうもないのであって、物理学者は「万有引力の法則」を思いつくかもしれないが、植物学者は、「熟したリンゴのヘタの部分での細胞死を制御する遺伝的機構はどうなっているのだろう」などと考えるのではないか。つまり、同じリンゴを前にしても、物理学と植物学とでは、それぞれの理論体系が求める関心事が異なり、物理学者と植物学者はそれぞれの理論が求める関心にもとづいて、眼前の現象において「取り上げるべき重要事」と「無視してよい些事」とを区別する、ということである。

そして当然のことながら、それらの科学のどちらが正しくてどちらが間違っている、などということはない。それぞれの科学は、それぞれの関心に即して有効性と限界を持つ。たとえば、物理学はリンゴを適切に投げる方法については教えてくれるかもしれないが、その栽培の仕方などは教えてくれないだろう。逆に植物学は、リンゴの栽培の仕方や分類上の位置は教えてくれるかもしれないが、その適切な投げ方については教えてくれない。

もちろん、科学を導く「関心」と一言で言っても、そこにはさまざまなレベルがある。個々の科学者はそれぞれ、自分なりの関心によって研究に取り組んでいるのだろう（彼らの関心には出世欲や名誉欲なども含まれているかもしれない）。

それとは別に、学問分野そのものが持っている「関心」というものが考えられる。たとえば物理学は、さまざまな対象の運動に着目し、運動変化の時間的発展を方程式で記述しようとする。こうした物理学の関心は、もともとは、対象の運動を正確に制御したいという要求に応えようとするものだっただろう。こうした要求は、たとえば「敵の城を正確に砲撃したい」という関心と密接な関係があったことはいうまでもない。

さらに、理論体系が成熟してくると、もはやこうした最初の関心はかすんできて、理論は自律的になり、「理論によって説明できるはずなのにいまだ説明がなされていない現象」を解明することを要求するようになってくる。たとえば、重力も力であるからには量子論で説明できるはずなのに、いまだにうまく説明できないので、それを説明することが物理学の課題になる。

　このように科学は、個々の科学者が持っている関心、学問分野の出発点となった関心、科学理論体系が科学者に課す関心など、重層的な「関心」によって導かれている。こうした関心自体は科学理論の内側に含まれるものではなく、それぞれのレベルの関心は、それぞれのレベルで、「何を研究すべきか」ということを規定している。つまり科学は、そもそも研究すべきものを選択する場面において、人間の側の関心によって駆動されているのである。この点で、「対象に対して虚心坦懐、無前提的に研究する」という科学のイメージは正確なものではない。

3　松永哲学と科学

　ここまで見てきたように、「科学は普遍的だ」というイメージは、現代の視点からみると少々いかがわしく思えるような宗教的発想に根ざすものであり、「科学は客観的だ」というイメージは正確なものではない。もちろん、だからといって「科学はいかがわしい」とか「いい加減だ」とか言いたいわけではなく、科学もまた人間の営みのひとつとして歴史性があり、また動機や関心、有効性と限界を持っているという、それだけのことを指摘したのである。漠然と「科学は正しい」と考えるのは、漠然と「科学はいかがわしい」と考えるのと同様に、科学という営みについての無知や無理解からくるイメージに過ぎない。

科学が発展し、何者にも勝る強大な力を振るうようになった現代に生きる我々には、科学が持つ有効性や限界を正確に見定めることが必要である。そして松永哲学は、科学というものを、知覚することや物語を語ることや経済活動などといった、多種多様な人間的な営みの中に位置づけようとする。この「位置づけようとする」というのは、文字通りの意味においてである。本論では、松永哲学の考え方に即して、科学の「位置」を見定めることにしたい。また、翻って松永哲学自身の「位置」についても考えたい。

科学という営みは、多くの人にとっては馴染みのない、特異な営みかもしれないが、実験によって物事を理解しようとすることは、対象を操作し制御するという日常的な営みの延長線上にある。我々は誰しも、料理をしたり、車を運転したりなど、操作と制御による理解を実践しながら生活している。そうした誰しもが行っている営みから科学への「延長線」を正確にたどること。これが松永科学論の一つの骨格をなしている。松永は、そうした自らの哲学を「地図を描くこと」という比喩によって説明する。その地図には、日常的な、それゆえ誰にとっても明確に理解できるようなことから、より複雑で特異なものへと至る道筋が詳細に描きこまれている。科学もまたこの地図の中に、文字通り「位置づけられる」のである。

ところで、「地図」というと、さまざまなものの空間的な配置を示したものであって、時間性は含まれていないのが通常である。他方、人間の日常の営みは、歴史的な変遷をたどってきた。科学について言うと、科学が現在のような形を取るのは一八～一九世紀のことである。「自然現象を通じて神の叡智を見出す」といった一七世紀までの科学観・自然観から、徐々に「神」が退場させられ、自然法則は神の側にある「実在」であるよりは、人間が現象の継起の規則性を観察することで経験的に設定した「仮のもの」であると見なされるようになる（その後、ひとたび科学が成立してしまうと、科学の成立期における、神との哲学的苦闘は忘れ去られ、現在でも多くの科学者が「自然法則の実在」を信じているようである。変化した点はといえば、一七世紀には「自然法則の実在」は宗教と結びついた社会的通念だったものが、現代では、科学者の個人的信念という形で語られるようになったということであろう）。

松永は、一八世紀から一九世紀のフランスの哲学者や自然学者を取り上げることで、そうした科学の成立の現場についても、たどりなおしを試みる。彼のいくつかの論文には、ボネ、ビシャ、ハラーといった必ずしもメジャーではない一八世紀の学者たちが登場する（『哲学史を読むⅠ、Ⅱ』など）。『知覚する私・理解する私』や『私というものの成立』以降の松永の著作は、現代に生きる我々の日常に定位して描くことが前面に出ていて、そうした哲学史的な関心はあまり表面には出てこないが、近代哲学・自然学への博覧強記が日常についての描写の背景に見え隠れしている。つまり、松永の地図に描かれた道筋は、歴史的な変遷の過程を参考にして引かれているということである（実際、『知覚する私・理解する私』の第四章の1では松永は、マルブランシュの機会偶因説をカントやヒュームの因果関係論との比較で取り上げ、近代科学の実証主義的思想が、法則概念から原因概念を追放するような仕方で成立してきたことを論じている。先の万有引力の法則について言うと、質量と引力との関係の原因を問うことをやめ、両者の関係をただただ事実として受け入れ、それを定式化するだけで納得することにした、ということである。法則概念と原因概念については後で述べる)。

そこで、松永自身が自らの哲学を「地図を描くもの」だと言うとしても、その「地図」に描かれた「科学へと至る道筋」に着目するなら、「松永哲学は科学の発生論を描くものだ」とまとめるほうが、より適切ではないかと思われる。つまり、少なくとも科学論との関係において言うなら、「地図」という空間的・無時間的なものではなく、「発生」という、空間における時間的展開を含みこんだ概念で捉えたほうが、松永哲学の特質をよく捉えるのではないかと思う。

とはいえ、「発生」という概念は少々多義的である。科学に関連して、もう少し説明を重ねておこう。まず、ある科学分野の歴史的成立過程がある。つまり、いわゆる「科学史」という意味での発生過程である。次に、ある科学者個人が科学を学んできた過程を考えることもできる。科学史が「系統発生的」であるとすると、こちらは「個体発生的」なレベルの話である。ところで、科学の教科書は、誰しもが順序だった「個体発生過程」をたどることができるように作られている。教科書的な順序は、歴史的な順序を参考にしつつもそれと同じ順序ではなく、より基礎的な事柄からより高度な事柄へと向かうようになっている。この、教科書的な順序とかなり重なるものに、概念の構造上の前後関係という意味での「科学の発生過程」がある。

松永がたどろうとするのは、最後の意味における「科学の発生過程」である。松永は、ある科学的概念の歴史的発生順序や、その概念が思いつかれた経緯を参考にしつつも、単なる経年的な歴史記述ではなく、ある概念が成立するときの無自覚的な前提、その概念の根拠となる知覚可能な現象などを明るみに出そうとする。こうした意識的なたどりなおしによって、我々が暗黙のうちに前提にしている諸概念の相互の根拠づけ関係を自覚化することこそが、松永哲学の眼目であるといってもよいだろう。それが具体的にはどのようなものであるかは次節以降で、徐々に明らかになっていくだろう。

いずれにせよ、科学へと至る道筋が正確にたどりなおされるならば、「科学は正しい」「いかがわしい」などといった曖昧な印象に終始することなく、科学が何を前提として、どういう有効性を持ち、またそのどこに限界があるのかを、明確に自覚することができるであろう。

4　松永哲学と経験論哲学

すべての理論には前提がある。一般に「説明」とは、何らかの前提を組み合わせて、説明したいことへと至る道筋を描くことである。このとき、説明の前提（説明する側・説明項）は、その「正しさ」が説明されることなく導入される。もしもその前提を説明しようとするなら、何か別の前提を受け入れて、それを組み合わせて説明することになるが、今度はその説明の前提は説明なしに受け入れるほかないことになる。つまり、「完全な説明」を求めようとすると、無限後退に陥るということである。それゆえ、すべての説明理論は、説明の前提となる、それ自身は説明されない事柄から出発せざるをえない。では、科学の発生論を語り、日常世界を網羅する地図を描き切ろうとする松永の哲学の前提は、どのようなものか。

まず言うべきことは、松永の世界観は、一八〜一九世紀のフランス経験論哲学の流れを汲むものだということである。もちろん、松永は大学院生時代、主にはメーヌ・ド・ビランについて研究し、修士論文を書いている。ビランは、コンディヤックらの経験論哲学の影響を強く受けつつも、のちに「フランス・スピリチュアリスム」と呼ばれる独自の哲学伝統を切り開いた哲学者であり、「経験論哲学」に分類することは必ずしも適切でない、と思われるかもしれない。また、松永自身、「具体的にどの哲学者から大きな影響を受けたということはない」と語っている。しかし、松永の諸著作を読めば、その思考の枠組みが経験論哲学の一面を受け継ぐものであるということは間違いない。

では、経験論哲学とはどのようなものであったか。やや迂遠なようだが、松永哲学の哲学思想内での位置づけを明らかにするためにも、検討しておくことにしよう。

通俗的な哲学史では、「イギリス経験論哲学のロックは、大陸合理論哲学のデカルトを批判した」などといわれるが、具体的な議論の内容を比較していくと、事態はそれほど単純なわけではない。また、ロックの哲学をフランスで受容したといわれるコンディヤックらフランス経験論の思想は、ロックの哲学と微妙な差異を見せている（現在、ロックはともかくコンディヤックの思想はほとんど知られていないと言っても過言ではないが、一八世紀フランスにおいて最も読まれ、後世に最も大きな影響を残した哲学者のひとりが、コンディヤックであった）。

さて、経験論哲学に対する一般的なイメージは、「人間は生まれたときは白紙である。経験が全ての知識の起源となる。この場合の「経験」とは、感覚器官に与えられた情報である」といったものであろう。こうした考え方は、現在の自然科学的な認識論につながるものであり、また「生まれたときはみな白紙」という点で民主主義的な平等思想とも相性がよいように思えるので、現代に生きる我々にも違和感なく受け入れられそうである。

しかし、よく考えてみると曖昧な点がある。最も目に付きやすいのは、人間が生まれたときにすでに、経験を書き込むべき「白紙」が用意されている、という部分についてであろう。この「白紙」そのものが経験によって形成されるのか？　もし「白紙」、すなわち「経験することができる能力」そのものが経験によって形成されるというなら、どんなものでも、たとえば人間以外の動物や、さらにはそのへんの石ころだって、経験しているうちに経験することができる能力が育ってきて、最終的には人間同様の存在になる、ということになってしまう。そんなことがありえないのは明白で、事実として人間だけが科学に至るようなさまざまな知識を身につけていくことができるのだから、人間には何らかの生得的な「経験することができる能力」があるということは間違いない。

この、経験の前提となる「経験を可能にする能力」が何であるかという点について、経験論の哲学者のあいだに見解の齟齬がある。

一般に「イギリス経験論」と括られるロック、バークリ、ヒューム、またフランス経験論のコンディヤックなど、およそすべての経験論哲学者は、経験する主体であるところの「心」があることは前提としている。差異が現れるのは、心に与えられる「感覚器官が与える情報」についてである。一七～一八世紀においてとくに話題になったのは、視覚についてであった。

視覚の器官である目は身体上にある。ところが、視覚においては、自分からは離れたところにある対象が、身体上（目の上）ではなく、まさにその位置において見て取られる。どうしてそのように向こう側に見えるのか、ということが「謎」だと考えられ、そうした形で視覚が成立するのはいかにしてかが論じられた。

たとえば、ロックは、網膜上に映った像が「心」への与件でもあると考え、我々が球体を前にして、最初に目を開いたときに見えるものは「陰影のある平たい円形」であると論じた。そうした円形に見えるものを触ると、手は立体を感じる。そうした経験を重ねるうちに、手において感じられるのと同様の立体感を、視覚においても感じるようになる。おおむねこのように論じている。つまり、我々の経験の枠組みを作るような知覚的世界の現われそのものが、経験によって形成されるという考え方である（いわば、先に述べた「白紙」そのものが経験によって作り出されるという考え方である）。

コンディヤックは『人間認識起源論』という本の中で、こうしたロックの見解を批判している。まず彼は、ロックが、視覚において受け取る感覚を「陰影のある平たい円形」としたことに反論する。我々は球体を前にしたときに平たい円形など見ることはなく、まさしく立体感のある球体を知覚する。また、触覚によって確認したからといって見え方が変わるなどということはない。たとえば、うまく立体的に描かれた絵を触ってみて、間違いなく平面だと判断したとしても、やはり立体的に見えるその見え方は変わらない。コンディヤックはこのように論じる。要するに、彼の考えでは、「感覚器官が与える情報」は、経験によって変わるものではなく、むしろ経験を可能にする前提となっている、ということである。

現代の脳科学の知見を参照するなら、視覚情報を処理する脳の視覚皮質は、新生児の段階では十分に形成されておらず、生後、光刺激を受けることで自己組織的に構造化されていく（それゆえ、先天的な白内障などで光刺激が十分に与えられない場合には視覚皮質が形成不全を起こし、成長してから白内障の手術をしても十分に見えるようにはならない）。そうした過程は、生後に進行するものではあるが、意識的・自覚的に行われるものではなく、むしろ生物学的な発生過程の一部と見なすべきものである。また、視覚皮質の構造が形成された後、網膜からの情報は、意識に先立って視覚皮質において処理される。

少々後付け的な解釈だが、視覚における知覚の成立過程を論じようとするロックの説は、視覚皮質の発生過程と、意識に先立つ視覚皮質の処理過程という、ともに無意識的に進行する二つの過程を、十分に区別することなく、両方とも本来は意識的・自覚的な経験過程だと（誤って）見なすものであった、というふうに整理することもできるだろう。

実際問題として、我々は自分が幼児だった頃のことをほとんど覚えていないし、ましてや、まだ脳の視覚皮質が十分に発達していない新生児の状態から、視覚的世界が成立してきた過程を意識的にたどりなおすことなど不可能である。つまり、幼児だった頃のことは、自らの経験には含まれていない。経験論哲学は本来、自らの経験に定位しようとするものであるから、出生直後からの個体発生的な過程をたどることは、経験論哲学の本旨に反するとさえいえる。

我々の経験に含まれているものは、物心ついてふと我に返ったとき以降のことだけである。そのときすでに我々は、確立された感覚器官が曖昧さなく見せてくれる世界に住んでいる。我々が見る世界には、さまざまに色づけられ輪郭づけられた物が空間中に配置している。そうした物が、空間中での相互の位置を変えるような仕方で、途中で消えたりせずに、連続的に運動する。我々自身もそうした空間の中を、他の物に邪魔されない限りは自由にうろつくことができる。そうした空間のどこかから、音が聞こえてくる。匂いも漂う。見えるものを動かしたりその表面をなぞったりすることができ、物をかじると何らかの味がする。

世界がそのようなあり方をしているのは、経験がカオス的な感覚所与を整理し秩序づけたから、ではなく、むしろ経験に先立って世界がそのように成立していることが、我々の経験を可能にしてくれるのである。

それでたとえば、コンディヤックにとって「経験」とは、そうした世界を探求することである。探求することで、世界の中に暗黙のうちに含まれるさまざまな事柄に気づき、知識を増やしていくこと。これがコンディヤックの「経験論」哲学なのである。そして彼は、知識を増やすための方法として、対象を操作しその結果を観察するという実験科学的な手法を強調した。つまり、彼の経験論哲学は、白紙状態で生まれた幼児がわれ知らず成長していく過程を描くようなものではなく、科学的知識を得るための方法を論じた、科学認識論とでもいうべきものだったのである。前節での議論との関連で言うなら、彼の哲学は、一七世紀的な「自然法則を保証する神」にご退場いただいて、自然法則の真理性の根拠を人間の経験に求めようとした哲学的苦闘の中に位置づけることができる。

松永の立場は、どちらかというとコンディヤックの立場に与するものであろう。（ここでは両者の思想の一面の類似性を指摘しているのであって、松永がコンディヤックから影響を受けた、と言いたいわけではない。）この節の最初の、「松永哲学の前提はどのようなものか」という問いかけに戻るなら、世界が先に述べたようなあり方で成立していること、そしてそうしたあり方がそこに住む人々によって共有されていることが、松永哲学の前提であるといえよう。松永の「地図」作りは、こうした世界を構成している五感（視聴触嗅味）それぞれの知覚的質の持ち分や特徴、相互関係を明確化し、それらが我々の外部に実在するはずの「物」を示すときの論理を検討することから始まる。

5　松永哲学の世界観

前節でまとめたとおり、松永哲学は経験論哲学のある一面を受け継ぐものである。ただし、その理論は、白紙状態で生まれた幼児がわれ知らず成長していく過程を描くようなものではない。経験論の本旨に忠実に、我々の経験可能な領域に踏みとどまって、つまり我々が物心ついてふと我に返ったとき以降の時点に立って、彼の議論は出発する。

ふと我にかえったとき、我々は、物が空間中に配置し、音が聞こえ匂いが漂う世界を知覚するのみならず、そうした世界について、すでにさまざまなことを知っている。日常生活に必要な常識や科学的知識、さらには誤信や迷信の類に至るまで。しかし我々は、そうした知識をどのようにして得たのかを、いちいちはっきりとは覚えていない。そうした知識について吟味したいのであるが、吟味するための手段もまた、我々がすでに持っている知識の中のどれかであるほかない。

我々が生きているのはそうした「途中」の時点、すなわち人生の途中であり、無知と全知の途中でもあるような時点である。松永哲学はそうした「途中」の時点に踏みとどまり、あいまいな形で知っていること、あるいは暗黙のうちに知っていることについて、その発生過程を意識的にたどりなおし、諸知識の構造を自覚化させようとする哲学なのである。

では、「発生過程」の出発点、あるいは諸知識の起源は、どこに置かれるのか? 我々が知覚するような形で世界がすでに成立してしまっているなら、それにつけ加えて一体何を論じることがあるのか?

前節では、世界がそのような形ですでに成立してしまっていることが松永哲学の前提であると述べたが、世界のあり方に関連して、実はもう一つの前提がある。一見すると先の前提と矛盾するようなものなのだが、それもまた、経験論哲学の流れを汲む前提である。すなわち、世界は本来、一つの連続的な流れだ、という前提である。

なお、私はここで「世界は本来、一つの連続的な流れだ」と書いたが、松永自身は、連続的なのは「実在」だと言う。「ただ一つの実在の全体の流れがあるのであり、そこのところに人がそれを切り分け、切り分けられたものどうしを改めて関係づけ合って、全体を或る像のもとに描きにいく、このような事情にあるのではないのか」（『知覚する私・理解する私』二五一頁）。松永哲学の「実在論的」性格については本論の最後で取り上げる。

話を元に戻すと、松永の前提では、世界は本来、一つの連続的な流れである。そこに切れ目を入れて物や出来事の単位を切り出すのは、人間の側の営みである。そうして切り出された物や出来事は本来、多様で一回的である。そこでさらに人間は、それら物や出来事の中でも繰り返し現れると思われるものを見いだす。このような反復の見出し（ないし設定）こそが世界についての理解や知識というものの成立であり、その延長線上に科学的知識の成立もある。このような世界観ないし知識観が、彼の哲学の前提となっているのである。

付言すると、世界が一回的であるということは、未来のことが不確定だということであるから、その中で生きている（あるいはその一部である）人間も、自然法則に束縛されて決定論的に動いているのではなく、自由で創造的なものとして、世界についての解釈や法則を生み出していくものである。科学とは、一回的で不確定的な世界を何とか見通しのよいものにしたい（既知の物や出来事の組み合わせとして理解したい）という人間の側の関心によって創造されてきたものにほかならない。

こうしたことから、松永哲学における科学の発生論では、反復の見いだし（ないし設定）が重要なテーマとなる。

日常的な知識における反復の見いだしは、「花瓶を落としたらたいてい割れる（が、割れないこともある）」といった程度の、それほど厳密なものではない。それを、「物体は〈質量×重力加速度×高さ〉の位置エネルギーを持っている」とかいった一般性のレベルにまで高めていくのが、科学的知識である（もちろん、花瓶の落下をいくら眺めていても運動法則が出てくるわけはなく、実験してみることが必要である。ここではさしあたり、発生の道筋を非常に大まかに――出発地点と到達地点だけ――述べたにすぎない。詳しくは第7節で展開する）。

こうした松永哲学の議論の方向は、多くの自然科学者の発想とは逆向きであると思われる。多くの科学者の世界観では、自然法則が先にあって、個々の現象は自然法則に従って展開する、と考えられていることであろう。彼らは一般に、法則が作用する「要素的なもの」から出発して、「世界全体」（ないし宇宙全体）を再構成しようとする。

そうした考え方の「古典」は、ラプラスの決定論である。ラプラスは、宇宙は自然法則に従う微粒子の運動によって説明できると考え、ある時点におけるすべての微粒子の状態を知ることができるなら、原理的には、その後の全宇宙の現象を完全に予測することができる、と考えた。いうまでもなく、このように考えるなら、人間の自由や創造性は行方不明になってしまう。

もちろん、現代では量子力学によって物理にも確率的な現象が存在することが知られているし、複雑系の研究によって、単純な法則に従いながらも多様で複雑な現象が起こりうること（カオス現象）も知られているから、ラプラス的な決定論はもはや無造作に支持することはできない。とはいえ、量子力学にせよ複雑系研究にせよ、自然法則を先に立てて、自然法則に従う微視的な要素から世界全体を再構成しようとする点において、ラプラスの発想と同様である。

こうした科学者側の発想からすると、世界を連続的な一つの流れと見なし、そこからの法則の切り出しを語る松永哲学は、ナイーブなものに思えるかもしれない。しかし、今までの議論を踏まえて指摘するべきは、自然法則を先に立ててそこから世界の諸現象を再構成しようとする科学者の発想は、一七世紀までのキリスト教的な世界観とほとんど変わらないものだということである（アメリカなどで、科学者に「神を信じるかどうか」とアンケートをして、「信仰者の割合が意外と高い」などと、意外だという口調で報道されたりすることがあるが、科学とキリスト教はそもそも両立不能なものではないのだから、驚くほどのことではない）。

もちろん、現代の科学者の多くは、「諸現象が自然法則に従うのは、神がこの世界を自然法則にのっとって創造したからだ」とは考えていないだろう。先述のとおり、現代では「法則の実在」は神様抜きで、科学者の個人的信念という形で語られる。しかし、そうだとすると、どうして諸現象が自然法則に従うことが保証されるのかという問題が宙ぶらりんになってしまう。当然、科学者たちは、「実験によって、現象が法則に従うことが示される」と言うだろうが、問題はまさにそこにある。すなわち、

(1) 実験は、具体的な一つの行為としてなされる。その実験において、あるいはそのあと何度か

繰り返された追試において、ある法則が確認されたとしても、その次に行われる実験においても変わらずその法則が確認されるという保証がどうしてあるのか。これはポパーが「帰納法の問題」と呼ぶところの問題である。すでに経験された事柄から帰納的に法則を導き出したとしても、それがいまだ経験されていないものを含むすべての現象に妥当する保証はない、という問題である。帰納法がこうした論理的な問題をはらんでいるとすると、いままでに有限回数しか行われていない実験を根拠として、そこから導き出された法則が全宇宙に妥当すると、どうして信じることができるのか?

(2) そもそも科学者たちが実験によって法則を試そうと思うのは、実験に先立って、何らかの法則が実在するはずだと信じているからである。そう信じていなければ、わざわざ実験などしないはずだ。しかし、その信念はどこから来たのか?

一七世紀には、神がこれら二つの信念（自然法則は全宇宙に妥当する・現象の背後には自然法則が実在する）を保証していた。現代の科学者は、そうしたことをあまり気にすることなく研究を進めているのだろうが、科学という営みの歴史的発生過程を調べてみると、科学を研究する動機の部分において、キリスト教的な信念が、ほとんどそうとは意識されないままに、いまだに生き続けているということが見えてくるのである。

一八世紀の経験論哲学は、こうした宗教的信念なしで済ますために、科学的知識に至る様々な知識が我々の日常的（知覚的）な経験からどのようにして発生してくるのかを論証しようとした。松永哲学は、そうした経験論哲学の発想を受け継いで、知識の発生論を語る。その発生論の中には、「世界が法則に従っている」という信念の発生も位置づけられる。

松永哲学（非経験論哲学）の視点から見れば、自然法則を現象の先に立てるという世界観は、具体的な諸現象からさまざまな探求の末に最後に抽出された法則を、逆に一番最初に立てるという、逆立ちしたものだということになるだろう。そして科学者は、法則から世界を再構成しようとする、つまり単純で普遍的な法則を出発点として、もとの複雑で一回的な世界へと戻ってこようとするが、探求のそもそもの出発点であった、科学を研究する自由や創造性のところまでは戻りきれない。これが決定論と人間の自由の対立と称される問題である。科学を研究する自由な関心は科学の前提であって、それによって作り上げられた科学の体系そのものには含まれていないのだから、科学の体系内部の法則から逆戻りしても、人間的な自由や創造性にまでは戻れないのは、ある意味当然である。

また、実際問題として、子供に科学を教えようとするときに、いきなり法則を教えても、子供はなかなか理解できないに違いない。そのときには、子供も納得する、日常的な世界における具体的な現象を出発点として、法則へ至る道筋を示すことが必要である。先に述べたように、日常的な（知覚的な）世界が共有されていることは、松永哲学における前提の一つである。共有が前提とされる日常的な世界から出発することでのみ、自然法則が共有可能なものとして受け入れられる。知識の発生論を語ることは、その知識が共有可能であることを論証することでもある。漠然と信じられている曖昧な概念が、発生論的な論証の中で破棄されたり、日常的（知覚的）世界の中に根拠をもつ、クリアな概念へと作り直されるということも往々にしてある。

「普遍性」という概念も、作り直されるべき曖昧な概念の一つであろう。一般に、自然法則は（漠然と）「普遍的」だと考えられているが、その「普遍性」の中身が曖昧で、宗教的な信念を出自とすることを繰り返し見てきた。私はそうした「普遍性」概念を、「共有可能性」の概念に置き換えるべきであると考える（松永自身は、必ずしも「共有可能性」という表現を使っているわけではなく、主には、「法則の概念を秩序の概念に置き換えるべきだ」という形で語っているのだが）。

かくして、科学の発生論を語ることは、科学の前提となっている部分を問い直し、科学が「法則」を見出した過程を、日常的な世界にさかのぼってたどりなおすこと、とまとめることができるだろう。こうしたたどりなおしと作り直しの過程は、科学研究が行き詰ったときに、その前提の部分から考え直すよすがになるかもしれない。

6　行為の構造と出来事の単位

ではここから、松永哲学における「科学の発生論」について、具体的な道筋を見ていくことにしよう。前節で述べたとおり、「一つの連続的な流れ」としての世界から、どのようにして反復が見出されるのか、という過程をたどることが問題である。

まず、念のため注意しておくが、「世界は本来、一つの連続的な流れである」といったところで、松永は、いわゆる「サピア・ウォーフ仮説」のようなことを考えているわけではない。つまり、「世界はもともと万華鏡のような印象の流れとして立ち現われるのだが、それを人間が言語によって秩序づけることで、知覚的世界が成立する」というような説と、松永哲学とは全く異なる。

何度も述べるように、我々が経験する世界は、さまざまに色づけられた物が、明確な輪郭をもって空間中に配置しているように見えるのであって、我々は「万華鏡のような印象の流れ」を見ることは決してない。極度の近視だとか、脳の視覚皮質が形成不全を起こしているとか、ＬＳＤを飲んでいるとかいうことがない限り。そして、我々がもしも不幸にしてそうした状態にあるならば、言語を学ぼうが文化的影響を受けようが、世界が秩序立って見えてくるなどということはない。サピア・ウォーフの仮説（あるいは極端な文化相対主義）は、「経験の前提となるもの（知覚的世界）そのものが経験によって形成される」と考える誤謬を犯している。「白紙」の比喩でもう一度言えば、経験が書き込まれるべき「白紙」そのものが経験によって形成されるとする、本末転倒した考え方である。

では、さまざまに色づけられた物が明確な輪郭をもって見えるにもかかわらず、世界が連続的で一つだ、とはどういうことか。

松永が世界（松永自身の言葉づかいでは「実在」）の連続性を説明するのは、主に「出来事」についてである。我々は、何らかの輪郭をもった物が運動しているのを見、それに伴って音を聞いたりする。

しかし、そのことだけから、知覚に現れたそうした現象のどこからどこまでが「一つの出来事」なのかを決定することはできないのである。

たとえば、雲が沸き起こり、雨が降ってきて、がけが崩れて倒れた木々が川に押し流されたとしよう。こうした一連の現象の「始まり」はどこで、「終わり」はどこなのだろうか。いうまでもなく、自然現象には始まりも終わりもない。

「雨が降ること」と「がけが崩れたこと」、「木々が川に流されたこと」は別々の出来事で、それぞれが因果連鎖によってつながっているのだと思うかもしれないが、たとえば、どこからどこまでが「がけ崩れ」という現象なのか？　ある一塊の土が転がり落ちた瞬間が始まりで、木が倒れたところまでか。しかし、ある土塊が転がり落ちてから、断続的に土塊が落ち、何時間か経ってからとうとう木が倒れるほどの崩壊が起こったとして、その最初の土の転落はがけ崩れの一部なのか。その程度の土塊の転落は普段からほとんど常に起こっていたのだとしたら、どうか。「終わり」のほうについて言うと、倒された木が川に落ちたことは、「がけ崩れ」に含まれるのか、「川に流されたこと」の方に含まれるのか。このように考えていくと、個々の「出来事」の始まりと終わりを確定することは難しい。

また、「雨が降る」という出来事の中身は、単に雲から水滴が落ちてくることに尽きるのか。だとすると、雨が降ったときに「雨の音がする」というのは、「雨が降る」という出来事ではなく、雨を原因とする別の出来事なのか。それとも、「雨が降る」という一つの出来事に含まれる現象なのか。知覚がはっきりと雨を見せ、その音を聞かせてくれたからといって、そのことだけからは、「出来事」の範囲を確定することはできない。

世界（あるいは実在）が連続的で一つだ、というのはこのような事態を指して言われているのである。世界は、明確な輪郭を持った物が配置されているような仕方で見えるとはいえ、時間的・空間的に分節された出来事の組み合わせでできているのではない。明確な始まりも終わりもなく連続的に展開していく、ということである。

世界がこのように連続的であるにもかかわらず、我々は、そうした世界を、「出来事」の継起として整理することで理解する。どのようにして、現象の連続的な展開が、離散的な「出来事」の組み合わせとして切り分けられるのか。これが、「理解」というものの成立、ひいては科学というものの成立を考えるための第一歩である。

松永の道筋を最初に一言でまとめてしまうなら、「一つの出来事」は、「一つの行為」との類比においてのみ考えることができる。そこでまずは、「一つの行為」はどのようにして輪郭づけられるのか、簡単な例を挙げつつ考えてみよう。

子供が何かしている。錐で板に穴を開け、そこに短く切った棒を差し込んでいる。その子供は、何をしているのだろうか。

もちろん、「錐を両手にはさんでこすり合わせる行為」をしている、などというのでは答えにならない。それは「動作の記述」ではあるが、「行為の説明」ではない。「錐を両手にはさんでこすり合わせる動作」によって「何の行為をしているのか」が問題である。行為は、単なる身体的な動作ではなく、それを行う意図や目的によって規定される。（これまで使ってきた用語では「動機や関心」だが、これらはやや漠然とした広い概念であり、「意図や目的」のほうが具体的な行為との関係が強い言い方である。）というわけで、その子供は、弟を喜ばせたいと思って、おもちゃのケーブルカーを作る行為をしている、などというのが「行為」の説明になる。滑車を取り付けるために穴を開け、そこに車軸を差し込んでいるのである。

ところで、考えてみれば、ある行為をなすための身体動作は、実にさまざまなことを引き起こすであろう。「錐で板に穴を開ける」ことは、音を出し、木屑を撒き散らし、板をいくばくか暖める。棒を差し込めば穴の中の空気が追い出される。そうこうしているあいだに子供は疲れてきて呼吸が速くなる。手にマメもできる。なのに、たいていの場合、我々はそうしたことが起こっていることさえ意識しない。自分が意図した結果のみが取り上げられ、それのみが行為の結果であると意識される。意図や目的が、多様な結果を取捨選択し、「一つの行為」の輪郭を作り上げるのである。

こうした行為の輪郭づけは、同時に、因果関係の設定（ないし発明）であるともいえる。行為の目的とされた結果と、それを実現するための動作との間に因果関係が設定され、それ以外の多様な帰結は無視されるからである。これが単なる取捨選択ではなく、「設定」や「発明」である理由は、新たな行為を計画している場面について考えてみればよい。目的を結果として生じさせる動作は自明のものではなく、いろいろ考えたうえで、ほとんど発明といってよい仕方で思いつかれることであろう。たとえば、「細い金属線に電気を通す」（原因）ことで「光を得る」（結果）とか、「お湯を沸かす」（原因）ことで「ピストンをもち上げる」（結果）などといった因果関係が、「自然」においてはじめから存在していただろうか。それらの関係は「発明」されたのだというべきではないか。当然、ここでは電球や蒸気機関のことが念頭にあって言っているわけだが、新たな機械を発明するとは、新たな因果関係を発明することであるといってもよいわけである。

話を行為と目的の関係に戻すと、行為は、目的の入れ子関係によって多重に規定されうる。子供の行為は、「弟を喜ばせる行為」であるが、同時に「ケーブルカーを作る行為」でもある。その行為は、「滑車を取り付ける行為」「軸受けの穴を開ける行為」などに分解されるし、他方、「ケーブルカーの材料を買うためにホームセンターに行く」「自転車に乗る」などのように、他の一連の動作群からなる行為とつながりうる。そして、行為が多様に規定されるということは、因果関係を多様に設定することができるということでもある。

行為の構造をさらに考えていくと、行為の「目的」は、本来は別の動作を、「同じ」行為であると規定するものでもある。穴を開けるために錐を使おうが電動ドリルを使おうが、いずれにせよ「穴を開ける行為」である。また、錐を使うには少々の熟練が必要で、私が使うのと子供が使うのとでは身体の動作としてはかなり異なったものになっているかもしれないが、両者がなしているのはともに「錐を使って穴を開ける行為」であり、ただ私が「上手に穴をあける」のに対して、子供は「不器用な穴の開け方をしている」という違いがあるだけである。つまり、うまい下手の違いはあれ、同じ行為だということだ。

まとめるなら、「一つの行為」の輪郭は「一つの意図ないし目的」によって規定され、目的の相互連関と包含関係によって、「一つの行動」はさらにそれを構成する「要素的な行動」に分解されて理解される。行為の輪郭づけは、同時に因果関係の設定でもあるので、行為の輪郭が多様に規定されるということは、因果関係が多様に設定されうるということでもある。また、目的は、行為の「同一性」を設定するものでもある。

こうした行為の構造を、自分がなすのではない自然現象の理解に拡張することで、連続的な現象に、出来事の始まりと終わりという切れ目を入れる、というのが松永の描く道筋である。そして、行為の目的（結果）とそれを達成するための動作（原因）との類比から、現象の因果関係も理解される。さらに、同じ目的をもつ行為は「同じ行為」と見なされるのと対応して、出来事の反復も理解されることになる。

連続的な現象を出来事へ分解することから説明しよう。松永の考えは、ありていに言って、自然現象を自分でまねしてやってみようと考えたときにどのような行為に分解するか、ということに対応するような形で自然現象を分解する、ということである。「現象の一部をまねしてやってみる行為」に対応する形で、現象における「出来事の単位」が設定されるのだ。

たとえば、「雨が降ること」と「がけが崩れること」とが別々の出来事であると我々が考えるのは、我々が「水を降らせる行為」と「がけを崩す行為」とを別々の行為としてなそうと想定する、ということに対応している。もしも「水をまくことでがけを崩す行為」を想定するなら、「雨が降ること」と「がけが崩れること」とは、「雨が降ったのでがけが崩れた」という「一つの出来事」だということになるだろう。

このように、自然現象を、離散的な出来事の継起だと解釈し理解するのは、自然現象を模倣ないし再現するための一連の行為を想定することによってである。どのような行為を想定するかに対応して、出来事の範囲は異なりうる。行為の対象としてどんどん微小な現象を想定していくことで、現象は無限の出来事に分解することさえできる。人間は行為を自由に想定し、自由に行うことができるのであるから、出来事の設定もまた自由に行うことができるのである。

また、行為の構造は、因果関係の設定や同一性の設定を含んでいるから、自然現象を行為の構造に即して理解することは、本来は連続的で一回的な自然現象の中に、「因果関係」や「同一の出来事の反復」を設定することでもある。自然現象を「雨が降った」ので「がけが崩れた」、その結果「木が川に流された」などという形で理解することの背景には、自然現象を模倣し再現しようという技術的関心が隠されている、ということである。

7　法則的理解の発生

前節では、本来は連続的な一つの流れである世界が、「出来事」へと分解され、それらが因果関係によって結びつけられるような仕方で理解されるのはいかにしてか、ということを見た。そうした理解は、現象の中に「因果関係」を見て取るものではあれ、必ずしも「法則」を設定するものではない。つまり、我々は「雨が降ったので、がけが崩れた」などと、因果関係を読み取るような仕方で現象を理解するのであるが、そうした因果関係は必然的に反復するものだとは限らない。因果関係の理解は、まずは一回的な関係として理解されるのである。よく「因果法則」などといわれ、因果的理解と法則的理解とは一体のものだと考えられることが多いが、因果関係は多様で一回的なものであり、本来は法則的理解とは別なものだ。一回的で多様な因果関係の中から、反復すると見なされたものを法則として取り出す、というのが法則的理解の成立の順序だと松永は考える。

今までも見てきたように、一七世紀までは、因果関係と法則とでは、法則の方が先に立つものと考えられていた。マルブランシュの思想が典型的だが、自然法則が神の側にあって現象を支配しており、具体的な個々の現象はそれ自身としては因果的な力を持つことはない、と考えられた。我々は、「物体Aがぶつかったことが原因となって物体Bが動いた」などと理解するのだが、本当はAにはBを動かすような力はなく、実は神が衝突の法則に従ってBを動かしているのだ、というのである。（こうした想定は奇妙だと思われるかもしれないが、ヒュームが言うごとく、我々に観察できることは、Aが接近してきてBに接触したこと、それと同時にBが動き出したことだけであり、AとBの間の因果関係や、AがBに及ぼす「力」を直接見ることはできない。）

こうしたマルブランシュの思想から「神」を取り除くと、原因概念抜きの、現象の継起の規則性としての法則の概念が出来上がる。そしてこれこそは、近代自然科学がよって立つところの、実証主義の法則概念に他ならない。

松永は、自然法則が神の側にあるということは認めず、法則とは一つの連続的な流れを理解するために人間が設定するものだという点では実証主義の思想に与するが、実証主義が原因概念を排除する点ではそれを批判する。松永の科学発生論では、現象の因果的な理解が先にあり、そこからの反復の見出しこそが法則の設定であるとされるのである。

松永は、落下の法則の発生を例に挙げて、法則的理解の発生とその構造を明らかにしようとする。そして、その考察は、実際の科学史上における落下法則の発見とは直接かかわりなく、日常的な経験からの発生が語られる。松永発生論らしい論構成となっている。

日常において、落下を観察すると、物の種類に応じてさまざまな落ち方をする。石はまっすぐ下に落ち、葉っぱは左右に振れながら、花びらはひらひらと舞うように落ちる。我々は、そうした落ち方を、落ちる物の種類に対応させて理解するのが普通であろう。こうした、物の種類と対応付けるような形での理解は、「分類的な理解」であって、「法則的理解」とは異質なものだ。分類的理解とは、多様な現象が先にあって、それを後追いするような仕方で成立する理解であるのに対し、法則的理解とは、現象に先行する法則を手に入れることで、現象をいつでも再現することができるという形での理解である。

落下の法則的理解について言うと、単に落下を観察して、その落ち方を分類することが問題ではなく、さまざまな落ち方を再現するためにはどうすればよいかと考え、まずは、花びらであれ何であれ、まっすぐに落としてみようとするところからはじまる。それがうまくいかないと、たとえば風のない室内に花びらをわざわざ運んできて、そこで落としてみる。やはりうまくいかない、ではどうすればよいか。だんだん大がかりな実験装置が必要になり、花びらが落ちるのは日常とはかけ離れた、真空容器の中になったりする。こうして、まっすぐ落とそうという行為が成功するために必要な条件が分析され、ついには法則が定式化される。

こうしたことから、法則の定式化とは、現象を再現するための、すなわち実験するための技術の標準化であり、一度法則が定式化された後で、標準からずれた現象が観察されたなら、ずれの理由が説明されなくてはならなくなる。また、技術が標準化されることは、誰でもそれができるということと一体であるから、法則的理解は、それを理解する者の主観や個人的実験技能ではなく、客観的なものという身分を持つようにもなる。

そしてさらに、法則的理解が特定の実験状況から切り離され、つまりは具体的な行為の場面から切り離されることで、法則が支配する出来事を開始させたのが、実験を行う人間の行為だったことが忘れ去られる。法則から、現象を開始させる原因の概念が消去され、法則は現象の推移を方程式によって記述したものだというふうに見られるようになる。

まとめるなら、世界における現象を再現しようという技術的関心が、本来は連続的で一回的な世界において反復する出来事や因果関係を設定し、さらにその技術的関心の部分、実験する私の行為の部分が消去されることで、自然法則の方程式化が達成される。松永の描く道筋はこのようなものである。

しかし、松永が指摘するには、このような発生過程の末に、実証主義的な法則が確立されたとしても、原因の概念は、実験が一つの行為であるという点において、ひそかに残り続ける。先述のとおり、行為とはある目的とされた結果を出すために何らかの動作を行うことであり、その動作と目的の間に因果関係が設定される。実験もまた行為である以上、我々は、実験操作と実験結果との間に因果関係を読み込んでしまわざるをえない。

俗に、人間の自由と決定論的世界観の間の矛盾が哲学的難問であるとされている。法則的理解を徹底すると、人間の自由が行方不明になるということだが、松永は、そもそも法則的理解をするためには、人間が自由に実験という行為を開始しなくてはならないということから、人間の自由が法則的理解に先行すると考える。

8　見えるものと本当に在る物

ここまでで、「科学の発生論」についての松永の道筋は、大まかにではあれ理解されたことと思う。松永の議論は、本来は連続的で一回的な世界が、離散的な「出来事」の継起として整理され、さらには出来事が法則的に反復するかのように理解されるときに、我々が暗黙のうちに従っている論理を明らかにしたものである。彼の議論では、「出来事の単位」の設定や法則概念の成立について、説得的な仕方で描かれている。

ところで、私は先に、「人間の側が、連続的な世界の中に切れ目を入れて物や出来事の単位を切り出す」と述べた。出来事の単位の設定についてはここまでの議論で分かったとして、「物の単位」についてはどうか。出来事についてと同様に、行為の構造を世界理解に当てはめるという方向で考えるなら、以下のようになるだろう。

知覚が明確に成立しているとしても、視覚に現れた輪郭が、「一つの物」の輪郭であるとは限らない。また、視覚に現れた対象を手でなぞってみて、その輪郭を触覚によっても確認したとしても、やはりその輪郭が「一つの物」の輪郭であるとは限らない。

たとえば、急須という物は、ふたと本体とで別々の視覚的輪郭、触覚的輪郭をもっているが、ふたと本体を合わせて「一つの物」である。自動車は、数万もの部品でできている「一つの物」であり、改造してドアを外してしまったとしても、やはり「一つの自動車」であり続ける。知覚に現れた輪郭は、「一つの物」を設定するときの手掛かりとなるにせよ、どれが「一つの物」であるかは、知覚のみからは決定しかねるということがある。

そこで、行為の構造の拡張によって、物の単位の設定を考えてみる。行為は、多くの場合、物を対象として、それを操作することで遂行される（対人行為は、物を操作せず、言葉や表情のみによってなすこともできるが、ここでは科学へとつながる道筋を考えているので、対人行為については論じない）。だとすると、行為を分解していくことは、それが対象とする物を分解することと表裏一体である。つまり、ある目的のもとで、一体のものとして操作する単位が「物の単位」である。そして、行為の反復が物の反復を基礎づける。

先ほどの例で言うと、急須はふたをしてはじめて、おいしいお茶を入れるという目的を達成することができる。自動車は一体として、それに乗って移動するという行為を可能にしてくれる。ところが、自動車の部品の製造という行為の場合には、それぞれの部品が「物の単位」となる。たとえば、ドアの製造工場においては、ドアが一つの単位である。

私はこのように考えるのがクリアだと思うのだが、実は、私の知る限り、松永は物の単位についてそういう話はしていない。知覚された物についての松永の議論は、「単に見えるだけのもの（知覚されたもの）」から「本当に在る物」へと向かうのである。なぜか。

日常的な常識では、我々は、自分が見たり触ったりしているのは実在している物だと当然のように考えているが、デカルト以来の近代哲学では、知覚と実在が一致するという常識的な考え方は批判されてきた。こうした伝統的な哲学的議論が松永の念頭にあるからだと思われる。

経験論哲学において、視覚を中心に、知覚の成立が大きな話題になったことは先に述べた。そのときは、「目が身体上にあるにもかかわらず、対象は向こう側に見えることが謎だと考えられた」などと述べたのだが、実は、多くの経験論哲学者たちが考えたところによると、知覚とは、実在を捉えるものではなく、まずは「私の心の変様」なのである。

これは一見すると奇妙な考えだが、一番簡単な説明は、夢の経験を持ち出すことであろう。我々は夢を見るとき、あたかも世界を知覚し、その中で行動しているかのように感じているが、それは単に心が見せる幻影に過ぎない。心には世界を表象する力がある。起きているときにも、我々は実在する物そのものを見ているのではなく、心が作り出す幻影を見ているのではないか。そういわれたら、そうかもしれないという気がしてくる。

また、視覚について言うと、光がないと物は見えず、ナトリウムランプのもとでは違った色に見える。たしかに、こうした事例について考えると、色とは、物そのものの質ではなく、心が生み出した質なのではないかと思えてくる。

実のところ、知覚を心の変様だとする経験論哲学の発想は、「心」が「脳」に置き換わっただけで、現代の知覚心理学にも受け継がれており、「知覚とは脳が作り出すものだ。我々は眼ではなく脳で見るのだ」などといわれたりする。脳には世界を再現する力があり、脳の中には世界の像が表象されている、というわけである。

コンディヤックなどは、「心の変様」に過ぎない知覚が、どうして実在を捉えているといえるのかを論証しようと苦心するのだが、バークリは、そうした議論は虚しいものであると考え、「存在とは知覚されたものである」という、有名な「観念論」のテーゼを主張した。バークリの主張は一見すると突飛だが、「確実に経験できるものは知覚である」という経験論哲学の前提から、論理的必然的に導かれるものだといってもよい。

他方、松永は、こうした哲学的議論を念頭に置きながらも、伝統的な哲学的枠組みに必ずしも付き合うわけではなく、物心ついて以降の我々が住んでいる世界における秩序や常識を尊重しつつ、それら秩序や常識の発生過程をたどりなおし、それらを作り直そうとする。知覚についても、それが物を示す仕方で立ち現れているという常識を尊重する。ただし、我々が、知覚は実在を捉えていると信じている、その信念の根拠となるような知覚の在り方を分析し、それを作り直そうとするのである。

こうした議論は、禁欲的に遂行するなら、バークリの観念論の主張と矛盾することなく、知覚的世界の外側に出ることはないはずだ。本当に「実在」があるのかを問題にするのではなく、知覚的世界に現れた何がしかの証拠をもとに、「実在」なるものが推定されていく過程をたどることが問題だからである。『知覚する私・理解する私』第一章、第二章における知覚の議論は、そうした禁欲的な枠内にとどまって遂行されているように思える。「本当に在る物」というとしても、それは「我々が、知覚に現れた証拠から本当に在ると信じることができるもの」という意味だと。

具体的には、そこでの議論でも、出来事の分解の議論の場合と同様、我々が身体を使ってなす行為が重視されている。我々は、見えているものを相手に行為しようとするとき、それが単に見えているだけではなく、触れるものでもあり、ひょっとすると匂いや味がするかもしれないことを前提としている。

それでたとえば、部屋の中に匂いが充満していれば、その匂いの源が探され、腐ったハムが見つけ出される。ところが、腐ったハムを見て、それの匂いを嗅ぐだけでは、本当にそのハムが匂いの源なのかどうかはわからない。ハムを鼻に近づけると匂いが強くなる、ハムを部屋から排除してしばらく経つと匂いもまた消えるなどといった操作を重ねることで、ハムが匂いの源であったことが確信されていく。匂いは、それに源があるということを最初から示唆し、我々を、その源を探求する行為に誘うが、その源を直接に指し示すわけではない。匂いの源を確信するためには探求が必要で、それは、見えている世界の中で、見えている物を操作することによってなされるのである。

知覚が、その源となる「物」を最初から示唆していることは、視覚においても同様である。我々は、視覚によって捉えられたものに、他の知覚的質（手触りや重さなどの触覚的質、匂いや音や味など）を帰属させることが普通だが、見えるものが本当に在る物と分離するということもありうる。たとえば鏡に映ったものは単に見えているだけで、そのそばまで近づいていったりそれに触ったりすることができない。そうした経験において、単に見えているだけのものと、本当に在る物とが分離しうるということが学ばれる。そうした経験があったうえではじめて、単に見えているだけのものが本当に在る物の身分を獲得するためにはどうすればよいだろうという問いが立てられ、その見えているものを、視覚以外の仕方で、主には身体を用いて操作することによって確認することが必要だということが、気づかれていく。

ここでは、嗅覚論と視覚論のみを取り上げたが、松永の知覚論は、五感それぞれの知覚的質の持ち分や特徴、それらに対して我々がどのように行為によって対処しているかを詳細に論じるもので、視覚と触覚のみを扱って事足れりとしてきた伝統的な哲学的議論と比べての独自性がある。

9　松永知覚論の目的と実在論的前提

こうした松永の議論は、「経験論的」な枠内に禁欲的にとどまろうとするものであろうか。先に述べたとおり、一見するとそのように読める。匂いはその源を単に示唆するだけであり、我々は源を探求しなくてはならない。視覚は、そこに物があることを示唆するが、見えている物が単に鏡像であることもある。知覚が単に示唆するだけの「本当に在る物」は、行為によって確認されなければならない。松永哲学は、知覚されたものから本当に在る物へといたる道筋を、身体を用いた行為という経路をたどることで描きだす（この経路は、伝統的な経験論哲学のたどった経路とおおむね重なるものである）。

しかし私には、松永哲学は経験論的な枠内（知覚的経験の枠内）に禁欲的にとどまろうとするものであるよりは、実在論的、つまり知覚の向こう側にあり知覚に先立つ「実在」を前提とするものであると思える。それゆえにこそ、「物の単位」の議論はなされなかったのではないかと。そのことを示すために、少々回り道のようだが、松永知覚論は一体何を論じているのか、ということについて考えたい。

一読すれば明らかなように、松永知覚論は、細部に異様なまでのこだわりを見せる。彼の議論を読む人の多くは、「たしかにそうなんだけど、何の目的でここまでの詳細が必要なのか？」と思ってしまうのではないか。松永自身が、そう言っている。「文章を読み返して、多くの箇所で、なんで当たり前のことばかり書いているのだろう、と思う。それも細かく。どうでもいいじゃないか、という声さえ頭の奥で聞こえる」（『音の経験』あとがき）。

本論の前半で、科学には探求の前提となる関心があり、そうした関心が、「取り上げるべき重要事」と「無視してよい些事」とを区別する、と述べた。もちろんこれは科学に限ったことではなく、すべての人間の営みは、何らかの関心によって駆動される。松永哲学にもまた、何らかの関心があるのは当然なのだが、松永の議論が一見すると「当たり前の些事」ばかり書いているように思えるのは、前提となる関心が少々見えにくい、ということに大きな原因があるだろう。松永はいつも、伝統的な哲学的議論についてはほとんど言及せずに、自分の言葉で議論を進めていく。そのとき、おそらく彼の（自覚的な）関心は、「日常世界を描き切ること」にあるのだろう。しかし、「描き切る」といっても、日常世界のすべてを盛り込むことはできないので、当然、何らかの取捨選択が必要だ。その取捨選択の基準が時に見えにくいのである。

松永は伝統的な哲学的議論を意識的に排除するのだが、私は、松永哲学の隠れた関心は、実は、哲学史上の論争に答えを与えたい、ということなのだと思う。もちろん、松永自身が自分の議論にそうした関心があることを認めているが、このモチベーションは、松永自身が思う以上に強いのではないか。つまり、松永自身は、自分の知覚論は、日常的な世界におけるさまざまな知識の配置が描きこまれた地図を描くものだと考えており、伝統的な哲学的議論にはほとんど言及することはないのだが、実のところ、彼の議論は、近代哲学の知覚論をたどりなおし、作り直そうとするものとなっているのではないか。つまり、近代哲学の発生論となっているのではないか。このように思う。

近代哲学では、知覚における現われは実在的なものから切り離され、「心の変様」であると考えられた。そして、単に心の変様でしかない知覚的質が、どうして外的な実在を捉えているといえるのか、ということが苦心して議論されてきた。バークリのように、そうした議論を全否定する者もいた。松永の知覚論は、そうした奇妙な哲学的議論がどういう道筋で作り上げられたのかをたどりなおし、作り直そうとするものになっている。

一見すると、そうしたたどりなおしを遂行する松永の議論も、「知覚に現れたもの」から「本当に在る物」へと向かう、という形になっている。しかし、よく読んでみると、彼の議論では最初から、知覚は、本当に在る物を示唆するものとして考えられているのである。そして、むしろそうした示唆が失敗する場面として、知覚的質と本当に在る物との分離が語られる。匂いがする物を探すが見つからなかったときや、鏡に映る物をつかもうとしてガラスに指をぶつけてしまったときなどに、我々は知覚的質が本当に在る物と切り離されても経験されうることを知るが、知覚についての原初的な経験においては、知覚的質は本当に在る物と一体なのであり、そうした切り離しの経験の方が二次的なのである。

「鏡の中の映像を見て、あれは映像でしかないというふうに見ることの方が、普通に見ることよりは余分の努力、判断を必要としている」（『知覚する私・理解する私』一一三頁）。

このような松永哲学の道筋から見れば、経験論哲学の苦闘は、知覚的質が、本当に在る物から切り離されていることを前提としてしまったことから生じた疑似問題だということになる。まず考えるべきことは、そもそもそうした切り離しがいかにしてなされうるかということなのである。そうした分離の経験があるからこそ、単に見えているものから本当に在る物へという経験論哲学における議論も動機づけられることになる。

これはたしかにもっともな主張なのだが、こうした主張は、知覚は本当に在る物を示唆しているという常識を前提としている。つまり、日常的で素朴な実在論的実感を前提としている。この意味で、松永哲学は、経験論哲学的な発想を出自としつつ、実在論的なのであると私は思う。

実際のところ松永は、「物とは潜在性の塊である」（前掲書一六三頁）と述べる。

たとえば、ある謎の物質Mについて調べるために、科学者はそれをさまざまな溶媒に溶かしてみる。それは水にはほとんど溶けないがエーテルには溶けるものであった。そのとき、「Mはエーテルに溶ける」という性質をもつことが発見されるのだが、Mの傍らにたまたまエーテルが存在することなど、科学者がわざわざやってみない限りはありそうもなく、そうした性質は永遠に現実化しなかったかもしれない。

エーテルに溶けるという性質は、科学者がそれを試してみたことで現実化したのだが、Mにはその他にもいまだ知られていない性質（潜在的性質）がたくさんあるに違いない。そうした潜在的性質は、もちろん知覚されるものではない。知覚されるものが持つ、いまだ知覚されない何らかの実在的性質だと考えられる。いまだ知られていないものは我々にとっては無いのと同然なので、潜在的性質が実在すると考えなくてもよいといえばよいのだが、松永はそれが実在すると考えているようだ。

10 「私というものの成立」へ

なぜ私が、知覚的経験の枠内にとどまるか、実在論的であるかなどということにこだわるのか、いぶかしく思われるかもしれない。

そこで、本論の前半で見たように、自然科学の成立時期において、「自然現象の背後に普遍的な自然法則が実在する」という発想が、神によって保証されていたことを思い出してもらいたい。一八世紀の経験論哲学は、こうした宗教的信念なしで済ますために、科学的知識が我々の知覚的な経験からどのようにして発生してくるのかを論証しようとしたのであった。ところが、科学の発生論の出発点である「知覚的経験」が「実在」を前提とするものであるというなら、結局のところ、一七世紀の発想と同じところに戻ってしまうのではないか。

もちろん松永は、自然法則そのものが現象に先立って実在するとは考えない。それゆえにこそ、「一つの連続的な流れ」において自然法則が設定されていく発生論的順序を描こうとする。しかし、結局のところ法則を作ることができ、それはその物がもつ潜在性を顕在化させることであると考えるなら、松永の発想は自然法則の実在という発想と接近していく。どのような法則が潜在しているか、我々はあらかじめ見通すことはできないが、少なくとも、潜在していないものが現実化することはない。

実在論的な発想は常識的であるし、実際に研究している科学者の発想とも近いものであるのだろう。しかし、こうした発想は、一つの連続的な流れとしての実在を行為との類比によって自由に分割できるという、経験論的な（あるいは、哲学史上の用語をやや乱暴に当てはめるなら「唯名論的な」）松永の出来事論とどう整合するのか。出来事の分節は、行為の開始が自由であることに対応して、自由に設定できるのではなかったか。

こうした問題を整合的に解釈する手掛かりは、松永が「分類的理解」と「法則的理解」を区別したところにあるだろう。あるいは、彼が「出来事の単位」は論じるが「物の単位」は論じなかったところに。つまり、おそらく松永は、世界におけるさまざまな運動は連続的であるが、他方、運動する「物」の方には実在性があり、潜在性を含みもった豊かさが、対象の側においてすでに実在している、というふうに考えているのではないかと思う。松永哲学は、法則の実在は認めないが物の実在は認めるという、半分の実在論だということである。

こうした発想は常識的で健全であるが、問題は、出来事と物とをそう簡単に切り分けることができるのか、という点にある。たとえば校庭の桜の木は、一見すると硬い「物」であるが、それはもともとは小さなタネであり、それが発芽し成長することで形成されたものである。そして、一見すると硬い物であるかに見える現在でも、木は、新陳代謝を続ける一つの「運動体」である。このように考えると、桜の木は、「物」であるというよりは、常に成長変化していく「出来事」なのではないだろうかと思えてくる。もちろん、同様のことは我々自身の身体についてもいえる。我々の身体は、木よりは柔軟性は持つにせよある程度硬い物体であるかに思えるが、その身体を輪郭付ける皮膚もまた、表面は常に死んで剝がれ落ち、下から新しい層が作られ続けている。我々は幼少のころから成長し、変化しながら生きてきた。我々の身体もまた、一つの「出来事」なのではないだろうか。つまり、生物について考えるなら、「出来事」と「物」との境界は揺らいでくるのである。

しかしながら、この、我々の身体は変化しつつも同一の物であり続けるというところに、松永哲学がよって立つ基盤があるように思われる。つまり、松永発生論では、本来は連続的な世界において、出来事の分節や反復を設定するのは行為の構造であるのだが、世界に反復を設定する意志や行為の側で反復を保証しているのは、変化しつつも同一でありつづけるという生命のあり方なのである。私というものは、この世界の一部として、やはり連続的で一回的な流れであるはずだ。にもかかわらず、事実として我々は、自らの身体や意識において、持続と反復を常に見出すのである。こうした事実が、我々が世界を出来事に分節し、秩序を与え、理解することの根底にある。

しかし、私は、こうした事実をすんなり受け入れることに対して、多少の居心地の悪さを感じる。人間の動機や意志の反復を保証するものは何か、つまり生命が変化しつつ同一であるというときの同一性がどこからくるのかということがやはり気になる。この問題を解決するためには、私が存在するということ、それも、単なる意識として、認識主観として存在しているのではなく、身体を持ち、意志を持って行為するものとして存在しているということ、この私というものの成立とその構造について考察を深めることが必要であろう。『知覚する私・理解する私』の最後の一節は、そのように述べている。「人の活動における意志的行為の生成を、肉体を離れることなく調べることが要請されている」（三一三頁）。

これは、「生命とは何か」を問わねばならない、という要請でもある。結局のところ、哲学における最大の謎は、ここにあるのだろう。

因果論

「物の間の因果」と「人の間の因果」

松永哲学における秩序と論理

村松正隆

1　はじめに　原因への問い

私たちは、あれこれの状況ですぐに「原因」を問うてしまう。身の回りの瑣事にも何かと原因を求める。机の上の書類の山が崩れていれば、人は何が原因かを問い、バランスが徐々に崩れたのか、飼い猫が傍を通ったのだろうか、と推測する。あるいは、友人の機嫌が悪いのを見て、自分のせいだろうか、ならば原因は、と問う。「原因」への問いは、社会的な文脈でも日々見られる。「売り上げが減った原因を分析してみよう」であるとか、「あのクラスの平均点が上がった原因はなんですかね」といった問いは、絶えず発せられている。

「原因」への関心が、「責任」を問うという文脈で浮かび上がることもある。子供が貯水池に落ちて溺れ死んでしまったとき、貯水池の周りに柵を設置しなかった自治体の不作為が子供の溺死の原因と見做され、損害賠償を求められるといった事態がある。このとき、私たちは、貯水池の周りに柵を設けなかったことを周辺の状況から自然なことと思いつつも、事態の重さに鑑みて、ここで責任が問われることをいたし方のないものと考えもする。また、子供の溺死という事態がなければ些細なことに留まっていたであろう、貯水池の周辺の柵の不整備が、ある事態をきっかけに「原因」として浮上する世の論理の動きを思いもする。

＊

私たちは様々に「原因」を問うてしまう。だが、なぜ私たちは物事の原因を知ろうとするのか。なぜ原因を確定しようとするのか。原因と結果の連鎖を知ることで、望ましい結果を生み出し、望ましくない事態を除去できるからというのも一つの答である。私たちが、このスープが美味である原因を問うのは、同じスープを再現したいからだろう。私が、パソコンが動かなくなった原因を知りたいのは、その原因を除去し再びパソコンを利用したいからだ。「原因を問う」という事態への反省からは、事物を利用して生きる人間の姿が確認される。

　もちろん、「なぜ原因を問うのか」といった問いに対する答は他にもある。「原因がわからないと落ち着かないから」というのも答になりうる。あるいはがらりと趣を変え、学校の教育によって「原因を問う」姿勢が習慣化されているからだ、という答もあろう。いずれにせよ、「原因を問うてしまう」というあり方の分析を通じて、人間の存在構造の特徴のいくつかが浮かび上がってきはしないか。

　このとき、原因を問うという人間の存在様態、そしてこの問いを可能にする因果関係についての私たちの理解（既に因果関係について何らかの了解があるからこそ、私たちは原因を問うのではないか）の分析から人間の存在構造の分析へと向かう道筋が照らし出される[1]。そして、物事の原因を問うというあり方が私たちの常態であり、また因果性についての何らかの理解がこうしたあり方を可能にしているのなら、この様態を出発点として人間の存在構造にいくらかの光を当てる、というのはそれなりに見込みのある道であると思えてくる。

本稿の目的は、こうした目算のもと、「原因は何か」という問いを発してしまう人間の存在構造の特徴のいくつかを、私たちの因果理解を端緒として、浮き彫りにすることである。

*

本稿の道筋を、もう少し解きほぐしておこう。上の目論見のもとで論を進めるにしても、「因果性」は、あまりに広大な領域であるから、ここでもう少し議論の焦点を絞っておきたい。私はこの論考で、「物の間の因果」と「人の間の因果」の理解の二つに注目し、それぞれの理解のあり方から浮かび上がる人間の構造の特質を指摘することにしたい。

予め述べておけば、「物の間の因果」の理解の分析を通じて浮かび上がるのは、「行為する人間」という形象である。単純ではあるが、「行為する」というあり方こそが、私たちが物事を理解する際に用いる諸概念のふるさとであることを指し示したい（第2節）。

他方、「人の間の因果」がある。他者への働きかけには様々な形があるが、その典型は言葉による働きかけである。依頼、命令、説得の言葉が原因となり、別の人物の行動が結果として引き起こされる。「微細な空気の振動でしかない」（『言葉の力』五頁）言葉が、物理的に大きなことを成し遂げる。そしてまた、ひそやかな歌声が、不安に震える子供の心を落ち着かせもする。第3節では、言葉を「原因」と見立てることでいったい何が見えてくるのかを論じることとしたい。

第4節ではこれらの考察に、さらに一つ、別の考察を付け加えることとしたい。これは、「物の間の因果」と「人の間の因果」の理解の錯綜を解きほぐす議論の出発点たることを狙うものである。ここでは「物のありよう」の背後に「人の間の因果」と類似した何かを見てしまう、そうした経験が扱われる。その分析を通じて、物のありようをも人のありようの理解様式を通じて捉えてしまう人間のあり方を考えてみたい。この考察は、最後の考察、〈私〉という存在者の核とでも呼ぶべき感情を浮かび上がらせる考察へとつながる。このような感情を享受する〈私〉のあり方を、因果論と絡めつつ、「結果としてのみ存在する私」という言い方で特徴付けること、これが本稿における論者の最大の目的となる。

*

なお、哲学の地図を描くという本書の趣旨との関係について一言申し添える。因果性を巡る考察は、松永の思索の中で明示的な主題たるときもあり[2]、また、因果性を直接の主題とはしない彼の他の諸論考の中でも、その考察は通奏低音の如く響いている[3]。従って、松永の因果性を巡る考察を導きの糸とし、これを要約し再構成しつつ、論者自身の考察を付け加えるというのが、本書の成り立ちが自ずと要求する進み方となる。

2 「物の間の因果」を人はどう理解するか

「物の間の因果」の理解様式

まず、「物の間の因果」の理解を取り上げよう。「物の間の因果」というと、自然諸科学で問題となる因果関係を素材とする、という発想が浮かぶ。例えば、様々な実証的諸科学における「因果性」概念の用法を列挙し、各々の特質を炙り出すという路線が考えられる。物理学、化学、生物学などにおける因果概念の用法を確認し、さらに社会諸科学における因果概念の使用とその適切さを問うことは、きっと興味深い作業となろう。[4]

とはいえ、「因果性」が日常的な概念でもある以上、科学的認識のみを素材とすると議論の射程が狭められてしまう可能性もある。そのため、ここでは科学的な因果性をも含む、私たちが「物の間」に見いだす因果性一般について考える。これは、例えばボーリングにおいてボールの運動とピンの倒立との間に見られる因果関係や、ビールで肉を煮込むと柔らかくなる、といった、広い意味での「物の間の因果」の理解を巡る議論となる。

まずは、松永の因果論（「行為する私」を基軸にする因果論）の特徴を浮き彫りにするために、その対極にあるような因果論——厳密さを追求した結果、因果概念が法則の概念に吸収され、消滅させられてしまうような「因果論」——を見ることとしたい。

*

私たちは、「物の間の因果」を通常どのように理解しているだろうか。日常的には、「物の間の因果」は直接に知覚されていると私たちは考える。ボーリングのボールが当たったからピンが倒れたのであり、水を火にかけたからお湯が沸くのである。私たちは直接に「物の間の因果」関係を知覚していると述べたのは、ベルギーの心理学者ミショットである。

とはいえ、よく知られているように、西洋の多くの哲学者は、こうした素朴な因果理解を厳しく批判してきた。私たちはビリヤードの玉Ａの運動と、これが衝突して始まる別の玉Ｂの運動との間に素朴に因果を語っているが、私たちが直接に知覚するのは、玉Ａの運動、玉Ａと玉Ｂの衝突、玉Ｂの運動のみであり、そこで因果関係は知覚されていないではないか、というのが彼らの主張である。従って、私たちは本来ここに因果関係を見ておらず、ただ同じ現象の継起の繰り返しの中に、自然と因果を読みこむようになる、というわけである。こうした考え方は、私たちが、以前は気づいていなかった因果関係に、観察を繰り返すうちに後から気づく、ということが経験上あるだけに、一見常識に反するようで、なかなか強固である。

そして、このような因果関係は実のところ直接的に知覚されないとする考えを採用したとき、私たちは（もしも確実に存在するものにのみ寄り添おうとするならば）「因果性」を決して語ることが出来ない、という事態に追い込まれる点に注意されたい。事象Aと事象Bとの間に何らかの恒常的な関係が見られるとき、通常私たちは両者の間に因果関係を認めるが、このとき、事象Aを担う個体αから事象Bを担う個体βへと、何らかの力の移行が行われている、という像を人は描きがちである。因果関係の直接知覚を認めない立場からすれば、この力の概念は、実際には観察されない不要なものである。この立場によれば、何らかの形で現実に観察できる事象Aと事象Bとの恒常的関係、即ち法則を認めるだけで私たちは満足するべきであり、両者の間の力のやり取りの想定はあってもなくてもよい余剰、いや、それどころか、人を誤った思考に導きかねない邪魔な概念であると診断されてしまう。私たちが因果を語る場面で厳密に語りうるものは、恒常的な規則性だけではないか、というわけだ。このとき因果関係は、法則性へと還元されることになる。

*

もちろん、素朴な因果概念に対するこうした批判にはそれなりの意味がある。科学的認識の発展を歴史的に振り返った時、これらの批判は「目的因」の追放、次いで「親和力」とか「生命力」といった「原因」概念の追放のために大きな役割を果たした。またこうした批判は、科学史上の意味のみならず、実践的な意味も持っている。例えば、不幸に苦しんでいる人に怪しげな「因果」を言い募るある種の言葉に対し、粗雑な原因概念への批判は、解毒剤の役割を果たすだろう。

しかし、因果性が法則の概念に従属することを認める思考は、そのままでは首肯できない主張をいくつか生み出す。例えば、法則の概念が呼び寄せる決定論の議論に従えば、私たちが感知する自由などは、すべて幻影ということになってしまう。

ここで、因果性批判の歴史を振り返ってみよう（少し専門的な話になるので、難しいと思われたら次の項へ進まれたし）。哲学史に限らず、科学史、心理学史でも論じられるように、因果性に対する最も強烈な批判は、ヒュームに見られる。因果概念のある種の恣意性を暴いたヒュームの議論が、例えばカントに大きな影響を与えたことは、哲学史の教科書で必ず紹介される定番事項である。

ところで、このヒュームの因果性批判には実は前段階がある。それはマルブランシュの機会偶因論である。宗教的な動機に支えられ、神の栄光を讃えるために主張されたこの機会偶因論は、逆説的にも近代的な科学法則理解に道を開くことになった。彼は、神への絶対的帰依という極めて敬虔な発想に促され、「原因」という資格をあらゆる被造物、つまり世界のあらゆる事物から取り去る。そして、延長を本質とする物体に力を帰するのは不合理である、という発想を前面に打ち出す。この、現代人から見れば理解困難とも思える発想が、ヒュームへと流れ込んでいるのだ。多少長いものだが、マルブランシュ自身の言葉を見よう。

「もし私たちが物体について感じるままにではなく、それを理解するままに語りたいと思うなら、物体を動かしうるのは神の意志以外にはない、と言うべきである。物体を運動させる力は、従って、動かされる物体のうちにはない。この運動させる力は神の意志に他ならないのだから。

このように、物体はいかなる能動作用も持たないのである。しかも、動いている一個の玉が他の玉に当たり、それを運動させるとき、その玉は、自分の持っている何ものをも他方の玉に伝えることはできない。というのも、その玉はそれ自身で伝達する力を持っているわけではないからである。」(Malebranche, *Recherche de la vérité*, livre VI, ch. II, III)

さて、ヒュームはマルブランシュを厳しく論難している。経験の領域を超越するあらゆるものに懐疑のまなざしを向け、「一切の観念が印象に由来する以上、神の観念もそこに由来する」(ヒューム『人間本性論』木曾好能訳、法政大学出版局、一九九五年、一八八頁)と語るヒュームにとって、護教論者マルブランシュの、すべての実効原因は神に宿るとする発想は、追い払われるべき虚妄であるだろう。ヒュームは次のように語り、神に唯一の原因を見る議論を否定する。「従って、デカルト派の哲学者が、物質中に実効力をもつ原理を発見できない以上こうした原理はいささかも付与されえない、と結論する限り、彼らは同じ推理仮定に従って、最高存在者からも実効力ある原理を排除するべきである」(前掲書一八九頁)。

しかし、マルブランシュの図式とヒュームの図式が、「神」という至高の存在者に実効的原因を認めるか否かという一点を除けば、完全に同じである点は変らない。もちろん文脈によっては、この違いが重要ともなろうが、法則的理解を因果的理解より優位に置く系譜の探索という今の文脈から見れば、これは些細な相違である。従って、ヒュームの因果論を象徴的に表現する次の文章から読み取るべきも、マルブランシュとの相似である。

「このように、二の二倍を四に等しく、また三角形の三つの角の和を二直角に等しくさせる必然性が、われわれがこれらの観念をそれによって考察し比較するところの、知性の作用にのみ存するのと同様に、原因と結果を結合する必然性または力能は、一方から他方へ移行するように精神が決定されていることに存するのである。原因の効力または活動力は、原因自体にあるのでも神にあるのでもこれら二つの原理の協働にあるのでもなく、まったく、すべての過去の事例における二つまたはそれ以上の対象の結びつきを考察する心に属するのである。原因の真の力能は、原因の〔結果との〕結合および〔その〕必然性とともに、ここ（心）に置かれているのである。」（前掲書一九六頁）

相似は明らかだろう。因果関係はマルブランシュにおいては神のうちに置かれ、ヒュームにおいては「人間の精神」のうちにある。いずれにせよ、二人とも次のように考えていた。すなわち、私たちが観察する現象界には、「原因」たるものは一切存在しない。あるのは法則だけである、と。こうした「因果関係」批判と、その「法則」の概念への吸収は、実証主義の祖とされるオーギュスト・コントに典型的に現われている。彼は次のように言う。「一言で言えば、人間の知性の成熟期を示す根本的革命とは、本来いかなる分野についても決定の不可能な、いわゆる「原因」を追究することをやめ、その代わりに「法則」、すなわち観察された諸現象間の恒常的関係のみを追及することにある」[6]。こうした思考の背景には、「原因」の概念、あるいは「原因」と近接した位置を占める「力」の概念にまとわりつく曖昧さへの拒否感がある。西洋哲学の因果論はある意味で、この「拒否感」を駆動力としてきたとも言える。

哲学的な因果論とされるものの一つの極には、このような、原因の概念を法則の概念に吸収しようとするぬかるみが控えている。

因果関係と法則の概念の解きほぐし

だが、こうした理解は、「因果」「法則」といった概念の正しい理解なのだろうか？　松永の答えは「否」である。そしてこのような理解の問題点を指摘することが重要である理由を端的に述べるならば、この理解のもとでは、「因果理解」「因果知覚」の実相が覆い隠されてしまうからであり、さらに言えば、「因果関係」を理解するために必須の「行為する人間」という形象が隠されてしまうからである。

例えば私たちは、正しい「因果法則」について語る（ここで「因果」という言葉が入るのは、「因果的に見える」という意味合いにおいてである）。だが、その「法則」が私たちにどのように知られるかと言えば、それは「繰り返しによって」である。とはいえ、規則性が見られる場所で因果性が知覚されないことなど、たびたびあるではないか。

規則性は私たちが「因果」（それが虚妄にせよ）を語る必要条件ではない。因果性を語ることを私たちに許す、何らかの経験が必要なのだ。そのあたりの事情を松永は次のように書いている。

「予め次のことを言っておきたい。即ち、概念の派生は順序として、行為から技術、技術から物事間の因果関係へと流れるのであって、その逆ではない。そうして、技術概念の行為概念からの明確な独立は、行為の出来る出来ないという観点からの反省と、行為の非人称化とに由来し、物事間の因果関係とは技術的観点からの物事の理解、秩序づけによって産み出されるのである。」（『知覚する私・理解する私』一九九頁）

このことを事実に即して説得的に論証するための適正な手続きは以下のようになろう。まず、「行為」とはいかなるものであると私たちが考えているか、その典型的な場面を分類する。そして、各々の「行為」の了解が、必然的に「因果性」の何らかの了解を含んでいること、また「行為」の了解が先にあり、そこから派生する形で「因果性」の概念が生じてくることを示す。他方、この「行為」の概念が「反復」の概念を理念的に要請することを示すことで、「因果性」と「法則性」の概念が絡み合っていくプロセスを説得的に示すことも、この課題に応えることに繋がるだろう。

では、「行為」はどのように分類されるべきか。松永が提案する行為の概念は三つある。

行為の第一の類型は、私たちが「どうしよう」という問いを発するときに見られるものである。

事実、行為とは「どうしよう」という問いに答える形で何ごとかをなすことと定式化されうるだろうが、この何ごとかをなすとは、何かしらの変化を自らに生み出すことに他ならない。松永はこの場面を、「選択における行為の限定、ないし意図における行為の限定の場面」（『知覚する私・理解する私』二〇四頁）と呼んでいる。

第二の類型は、他人の振る舞いを見て、「何をやっているのだろうか」という問いに答える形で解釈を与えていくときに見られる。そして、その振る舞いが「行為」としての規定を受けるのは、それが「何をもたらすか」が明らかにされてのことである。

第三に、「既に過ぎ去った出来事としての一つの行為が内容を持って限定されてくる」場合があるが、「それが、或る価値的に重要な事柄を結果として持つという因果関係の中に、原因たる身分で遡られる仕方で組み込まれるからなのである」（『知覚する私・理解する私』二〇八頁）。冒頭で言及した例で言えば、市の財政状況などを考え、貯水池の周りに防御壁を巡らすことを後回しにしたという行為（この場合は否定的な）が、子どもの死という価値的に重要な事柄を生み出してしまったからこそ、（場合によっては浮き上がることのなかった）その行為が、今、論じるに値する行為として浮かび上がってくるのである。

*

これらの三つが行為の典型であるとして、現在の文脈で注目すべきは、いずれの行為の了解も因果関係を含んでいる点である。第一の場合であれば、「どうしよう」という問いは、自らの行為が原因となって何らかの結果が生じることを、既に知として我が物としているからこそ生じるのだ。また第二の類型にしても、他人の行為を「何をしているのか」という問いで規定できるのは、その行為が何かを結果として生み出すことを知っているからこそである。第三の場合も同様である。

さて、心得ておくべきは、知的概念としての「因果性」があるが故にこうした行為の了解が可能になるのではないことである。私たちはまずもって行為する存在者であって、このなされた行為に対する反省という文脈の中でこそ、「因果性」の概念が生じてくるのである。この順序を間違えてはならない。

そして、「行為」の概念を突き詰めるとき、私たちは、表象的ではありえない身体化された因果的知とでも言うべきものについて語ることを余儀なくされ始めるときがある。それは、人が己のなしうる行為をなすことを要請され、かつそこにおいて、その行為の「いかに」を問われるときである。松永は事の次第を次のように述べている。

「人は自分がなし得る行為に関し、それの「いかに」をもはや諸々の手順の集まりとして説明できず、ただとっさにやってみせる仕方ででしか示せないのである。そして、やってみせる時、その振る舞いが何をもたらすものなのか、権利上、何をもたらすはずなのかは、振る舞う当人、行為者には分かっているのである。それも、この分かっていることは、反省以前に分かっているのであり、そして、この分かっていることの中から、因果の概念が生い育ってくるのである。もし、因果の秩序が先にあり、それに合わせた因果の連鎖としてのみ行為を構成しなければならないなら、人は決して行為できないであろう。」（『知覚する私・理解する私』二一八−二一九頁）

このように、反省以前の「行為」こそが「因果性」の概念の生じてくる場所なのだ。

そして付け加えれば、「行為」とは、その原初的な姿においては、肉体としてある私が、肉体の外にある事物に働きかける経験に他ならない。自らの肉体が他の事物と同じ資格で立ち現われ、かつこの事物に働きかけるとき、例えば私がボールBを手で動かすとき、私はこの行為を「もはや諸々の手順の集まりとして説明できず、ただとっさにやってみせる仕方ででしか示せない」。しかし、その行為が何をもたらすか（この場合ならボールBの運動）、それは「振る舞う当人、行為者には分かっている」。こうした行為の原初的な場面からこそ、知的に洗練された因果性の概念も育ってくるのである。肉体としての私がボールBを動かす。そして、また別のとき、ボールAがボールBを動かすのを見るとき、私はボールAを自らの肉体になぞらえる。だからこそ、私は「私の肉体が原因となってボールBを動かすのと同じ意味で、ボールAが原因となってボールBを動かす」と言いうるのである。

もしも私が肉体としてあるのではなく、ただ観察するだけで、世界の事象に一切介入することのない存在者であるならば、ヒュームの議論はその強度を増すだろう。しかし、私が肉体として世界の事物に働きかける存在者であることを認めるときには、ヒュームの懐疑は姿を消すのである。因果性概念の分析が到達すべきは、「肉体として行為する私」の形象なのである。

私が「どうしよう」と自らに問うのは、自らのありようを原因として何かを方向付けることができると知っているからである。私が「何が原因だったのだろう」という問いを発し、その結果、仮に自らの失敗がその原因として浮かび上がってきて苦い思いを味わうとしたら、それは、私が何かしらそのことに対して「原因」としての役割を果たしており、かつ、他のありようもできた、ということを知っているからこそではないか。

このように「因果性」の概念の分析は、哲学的考察の中心に据えられる「行為する私」を浮かび上がらせる。私は自らに、そして世界に、「結果」として何かしらの変化をもたらしうるからこそ、「どうしよう」という問いを発するのである。そして、自らのなしうることの象《かたど》りの中で、世界の様々な事象を、「因果」という象りの中で語り始める。そして、この理路の源にあり、常に参照されるべきは、「行為する私」に他ならない。

ここまで確認したときに浮かび上がってくるのは、「行為する私」が肉体としてあることの意義であり、そしてこの「私」が世界の事物に様々に働きかけうるという事態である。

3 「人の間の因果」と言葉の力

第2節では、私たちが「物の間の因果」をいかに理解しているかを分析した。そして、一見すると「人間」の登場しない「物の間の因果」の理解に、実のところは「行為する私」の形象が不可避的に、いわば図に対する地のように織り込まれていることを確認した。

ところで私たちは、人の間に見て取られる因果は、「物の間の因果」とは違うものと考える。事実私たちは「人は物とは違う」といった言い方をよくするし、また、人どうしの間で物と同様の因果が見いだされるのはごく例外的なとき（例えばぶつかって相手を押す場合など）ではないか。では私たちは、どのように「人の間の因果」を理解しているのだろうか？

ある人の何かしらの行為やら何やらが、別の人物の何かしらの行為なり何なりを促すという事態がある。この事態が単純であるようでなかなか込み入っていることは、少し考えを巡らせてみればわかる。原因として想定される行為には、身体運動、表情、感情、言葉などが含まれているし、他方、結果にも別の人間の同様の要因を数えることが出来る。

これら全てを順序よく取り上げることも魅力的な作業と思われるが、ここでは原因の典型として、人の「言葉」を取り上げることにしたい。言葉が、理念的には記録・観察可能であること、そして、原因となる場面が比較的多いこと（例えばある人の身体運動が「人の間の因果」を決定する要因となることは少ない）を念頭に置けば、この選択は許容されるだろう。こうした視点のもとで、ここでは第2節以上に明示的に松永の議論を追いつつ、「言葉の力」が明らかにする人間の存在構造について、多少なりとも理解を得ることにしたい。本稿の趣旨に合わせて言えば、言葉を「原因」と見立てたとき見えてくるものを確認すること、これが本節の課題である。

「おとぎ話が教えてくれるもの」

松永の言葉の分析は、とても魅力的な形をとる。というのも、それは、人と人との「言葉」のやり取りの典型的な姿が「おとぎ話」に集約されている、という洞察から出発し、そこに人との人との言葉を介したかかわりの典型を見るものだからである。松永は、おとぎ話の楽しさとその構造について、「おとぎ話は、聞いて楽しいものである。怖い話でも、やっぱり全体としては楽しい。興味が尽きない。中途まで聞いて、先を知りたいと思う。」（『言葉の力』四頁）と述べ、さらにおとぎ話というものが、全体として聞き手を納得させる、つまり聞き手の「腑に落ちる」ものであることを示した後、この「楽しさ」と「腑に落ちる」という特色が何に由来するのかを問い、次のように確認する。その答とは「おとぎ話は、結局、人と人との間柄をつくるものとその論理を、その最も単純化した形にして拡大してみせてくれているから」（同）というものである。

では、「人と人との間柄をつくるもの」とは何か？　それに対しては様々な答を挙げることができよう。例えば法律や契約といったものも、「間柄」を作り上げる重要な契機である。共に食事をすることと、さらには親密な愛撫なども、人と人との間柄を練り上げていく。人と人の間には様々な関係がありうる。もっとも、文化や歴史による違いがありつつも、そうした関係には何かしら変らぬ姿というのもあるのではないか。だからこそ、十一世紀に書かれた宮廷の恋愛物語が人の心をそそり、また、十九世紀のドイツで収集された民話が、子供たちを楽しませるのではないか。これらの物語には、「人と人との間柄をつくるもの」が端的に現われていると言えるだろう。

ここでは松永の論を追い、おとぎ話に現われる「人と人との間柄をつくるもの」を浮かび上がらせてみよう。

松永の分析は、まず「呪文」の分析に向かう。おとぎ話に登場する呪文は、常識の世界ではありえないことを成し遂げる。「物理的には単なる微細な空気の振動でしかない」言葉が、岩を動かし、王子をカエルに変え、またこのカエルを王子に戻す。ここに不思議がある。だが考えてみれば、言葉が人を動かすことも、また不思議と言えば不思議なことではないか。「ドアを開けて」という言葉を、人が聞き届け、ドアを開けてくれる、これとて不思議である。「言葉を人が聞くとはどういうことか。そのとき何が生ずるのか。この部分は不思議なことではないのか」(『言葉の力』八頁)。

野暮を承知で付け加えれば、言葉が何かを実現するとき、言葉は「原因」としての役割を果たしており、他方で言葉によって実現された事柄はその「結果」としての資格を得る。そして私たちは、この「原因」と「結果」とのつながりを明確には理解しないまま、それでいて当たり前のように言葉を用いて日々の生活を送っている。おとぎ話の中の呪文は、このことの「不思議さ」に、目を開かせてくれる。

なお、言葉の便利さに慣れた私たちは、時にこの便利さに溺れ、「原因」として適切に機能する言葉を探す努力を怠りもする。例えば本屋に本を探しに来たお客が店員に、「今朝のテレビで紹介していた本ある?」といった尋ね方をすることが本当にあるそうである。しかし、自分が興味をもった本を手に入れたければ、本の題名や著者を店員に伝えるべきであろう。とはいえ、私たちはこの客を笑う資格はない。なぜなら、私たちもどこかで同様の失敗をしているかもしれないのだから。いずれにせよ、世界に適切に働きかけるには、適切な言葉を使わなければならない。私たちは、言葉のネットワークによって、かつてない膨大な事柄をなしうるようになっている。そうしたネットワークに対しては、適切な言葉をもって働きかけなければならない。その言葉を見いだすことができないとき、私たちは、ちょうど掟の門の前で佇むカフカの小説の主人公のように、何もできぬまま無為ですごさざるを得ない。

＊

おとぎ話を素材にした松永の分析をもう少し見よう。彼は、アイルランド民話の『十二羽の雁』という話を素材にする。これは、王子を十二人もうけながら女の子に恵まれなかった王妃が、雪とそこに落ちた子牛の血とカラスを見て、「雪のように白い肌と、血のように赤い頬と、カラスのような黒い髪をもった女の子が欲しい、代わりに十二人の男の子をみんなやってもよい」と呟いたことにある。王妃の願いを聞きつけ、妖精のおばあさんが姿を現わす。そして、その望みは悪い望みだと言い、王妃を罰するために望みを叶えてやろうと宣言する。そうして、まもなく王妃には王女が授かり、しかし、王女が生まれると王子たちは十二羽の雁になって飛んでゆく。

「さて、ここには三つの言葉のあり方が出ている。⑴王妃がふと懐いた望みを口にしてしまうこと。⑵妖精が王妃に、道徳的判断を告げること。⑶妖精の宣言」（『言葉の力』一〇頁）。

そして、上の図式（おとぎ話が実際の人と人とのつながりを典型的に見せている）に従えば、各々の言葉は、何かしら、人と人とのつながりを解き明かしていることになる。ここでは⑴と⑵について見てみよう。

最初の王妃の望みについて。これは、人の「望み」というものが、言葉によってこそ可能となることを明らかにしている。漠然としていた望みは、雪・子牛の血・カラスをきっかけとして、明確になる。そして、望みというのは、実現されることを要求するものである。私たちの生きる現実の社会では、「望み」が実現されるためには、然るべき行為が必要とされる。しかし、そのことはそれとして、「望み」が実現されることを要求するというこの事態は揺るぎない。現実の生活においても、気楽に述べてしまった「望み」を周りの人が実現してくれて、「そこまでしてくれなくてもよかったのに」といった形で恐縮することはあるではないか。妖精という媒介がいかに不思議に見えようとも、この、「望み」が実現を要請するという一点は変らない。実際に実現されるか否かは別として、「望み」は、「口にされた途端、その言葉が効力を発揮する」（『言葉の力』一一頁）のである。あるいは私たちは、「口にされた言葉」が実現されるような社会を構築してきたのではないだろうか。

次に「告げる」ことについて。「告げる」とは、正に「告げる人」が「告げられる人」に対して、積極的に言葉を発することである。そして、なぜ積極的に言葉を発するかと言えば、それは「告げる」人が「告げられる人」との間の関係を確認し、あるいは変更したいからではないか（「愛を告げる」とか「絶交を告げる」といった言い方に、この事情が現われている）。ではここで妖精のお婆さんは、「それは悪い望みだ」と告げることで、いかなる関係を持とうとしているのか。お婆さんの言葉は、お婆さんと王妃とが、ある共通の意味世界、道徳的観念（善悪）についての共通の了解を持つ世界に属していること、このことの確認へと繋がっている。もしここで王妃が心のどこかで、そうした望みが「悪い望みだ」ということを知っているのでなければ、このおとぎ話は成立しないだろう。「告げる」という言葉の働きと、それが王妃に働きかける、という事態が、こうした言葉の働きを可能にする意味世界を浮かび上がらせているのである。

言葉を因果論という枠組みの中で論じることは、一見見慣れない議論に見えるかもしれない。しかし、私たちが言葉を「原因」として何かをなそうとし、一つの言葉が様々な「結果」を惹き起こしているという見立ては可能である。そして私たちは、いつでもというわけではないが、どんな言葉がどんな結果を惹き起こすかを、或る程度は知っている（だからこそ「おとぎ話」を読みながら、「なるほどそうだよな」と思うわけだ）。「原因」としての「言葉」と「結果」としての様々な事象、これをつなぐ間に、「人と人との間柄」が、確かにくっきりと浮かび上がってくるのである。

言葉は何に働きかけるか――感情の次元の強調

このように、おとぎ話の言葉のやり取りは様々な形で人の世の在り方を示してくれる。おとぎ話ではしばしば「原因」である言葉が思わぬ「結果」を引き起こす、といった具合で出来事が起こるがゆえに、私は「因果性」を巡る論考でこれをとりあげた。

ところで翻って、私の言葉がなぜ、「微細な空気の振動」以上の力になりうるのかと言えば、それは、私の言葉を引き取って行動してくれる人がいるからである。「発言が行為であるためには、やはり言葉を引き取って行動する人々がいることを前提する」(『言葉の力』二二頁)。では、人が私の言葉を引き取って行動してくれるのはなぜなのか？

例えば、人が同じ意味世界を共有しているから、というのは一つの答になるだろう(目的を同じくするから、命令は通用する)。だが、もう一歩踏み込んで言えば、信頼とでも言うべきものが重要なのではないかと私は考えている。命令はいやいやなされるよりは、「納得の上で」「積極的に」遂行される方がいいのである。私たちは、自分たちを信頼してくれている人の命令にこそ、従いたいと思っているのではないか。自らの意に沿わないことを説得する人に対してなぜ耳を傾けるかといえば、それは当の相手が、私のことを信頼し心配してくれていること、それがわかるからである。

では、そうした信頼を産み出すものは何か。私はここで「感情」というものの重要性へと話題を移したい。実際、「信頼」とは何かといえば、感情のレベルにおける対話者の肯定である。私がある人の指示に、時には納得できないことがあっても従うのは、私がその人を信頼しているから、そして相手が私を信頼してくれていることを感情のレベルで感受するからではないか。このとき人の言葉が、人の心に働きかける次元の重要性が浮かび上がる。

では、言葉の何が人の感情に働きかけるか。それは、声が持つ表情的なものそれ自体ではないだろうか。声が告げる「内容」それ自体が重要であるときももちろんあるのだが、それ以上に、声の持つ表情が大きな役割を果たすときが確かにあるのは、そのためではないか。例えば上司が部下に対してある仕事を命じ（会社のシステムとして、その言葉は自ずと実行に向けられる仕組みになっている）、「君の力ならきっと出来るはずだよ」と励ますような事態を考えてみたい。このように、他者の心へと差し向けられ、他者の心の積極的なありようを引き出す言葉のあり方、ここに「言葉の力」の最も美しい面が現われてはいないだろうか。

ところで、「言葉の力」が積極的な感情を生み出すにせよ、その中にさらに一つの特権的な感情があることを、ここで確認したい。それは「安心」であり、「穏やかな肯定」とでも呼ぶべきものである。そして、多くの言葉は、この感情を土台として人に働きかける。事実、人は信頼している人にこそ重要なことを頼むのではないか。そのとき、依頼の口調は自ずと、相手に対する信頼を表明しているものになっているはずである。「行為」や「依頼」は、相手への信頼を表すものであり、そしてこの信頼を受けた人は、「信頼されていること」に喜びの感情を見いだしつつ、新たな自己確認へと向かう。

ここで松永の初期の論文の言葉を引いておきたい。彼は次のように語る。「人に対する行為の原型を敢えて求めるなら、母親が赤ん坊を愛撫し不安を鎮める行為を揚げ得よう。そして、われわれの考えでは、また、ここに言語行為の基底をなす層がある。他者の内面を開こうとする試み、これが言語行為の核である」（「因果連関からみた行為の諸側面」一〇九頁）。

「人に対する行為」は様々な形をとる。しかし、多様さのうちにある本質的な部分を見つけていこうとすれば、（相手を殺害するとか、徹底的に傷つけようとする、といった例外的な事例を除いて）「人に対する行為」は、働きかける相手への肯定をその必要な要素として含んでいる。事実、「人に対する行為」とは、一見否定的なものであれ（相手への叱責、注意、道徳的断罪など）、その相手の存在を根源的なところで肯定しているからこそなされるのではないか。そうした「肯定」が現われる象徴的な場面を探そうとすれば、それは松永の指摘するように、「赤ん坊を愛撫し不安を鎮める行為」となるのかもしれない。この典型的な場面は、変奏されつつ、様々な日常会話で繰り返されているのではないか。そして、そのとき浮かび上がってくるのは、言葉、さらには言葉が必然的に帯びる「表情」によって動かされる「感情としての私」の存在である。

言葉は多くのことを成し遂げる。言葉（あるいは言葉を典型とする「記号」）のネットワークによって、この社会では自ずと多くのことが成し遂げられてしまう。そして、そうした事態を可能にするものの探求、言葉が何を動かすのかを巡るさらなる反省は、言葉の中身のみならず、その表情とでも呼ぶものによって「動いてしまう」そうした「感情」のあり方を明らかにし、同時に、言葉が他人の感情に働きかけるという、そうしたあり方を明らかにするのである。

俗に流れはするが、古今和歌集仮名序の、「力をも入れずして天地を動かし、目に見えぬ鬼神をもあはれと思はせ男女のなかをもやはらげ猛き武士の心をもなぐさむるは歌なり」という言葉は、それ自身が言葉の力のあり方を確固とした輪郭のもとで描き出している。言葉こそが、世界の様々なあり方を動かし、また、人の心を慰めるのである。

例えば私たちが見知らぬ土地に行くときに、その土地の風習や言葉を知ろうとするのは、適切な言葉が、そこで織り成されるネットワークへの参与を幾ばくか許すことを知っているからではないか。私たちが苦しむ人を前にして「どんな言葉をかけよう」と考えるのは、私たちは自らの言葉が、どのように相手の心に働きかけるかを、何らかの形で既に知っているからではないか。

「人の間の因果」の典型を言葉に見たときに立ち現われるのは、感情を基盤として生きる人間、そして感情に対して働きかけうる言葉の姿である。そしてそのことに思いを致したとき、一方で己の外の世界の秘密を開き、また人の心を開くものとしての言葉の力を伝える次の言葉が、私たちに働きかけてくる。「人生というのはアリババの洞窟の前に立たされているようなものだ。正しい決まり文句が使えないと、扉は開かない」（ダニエル・ピクリ『ぼくらの原っぱ』松本百合子訳、NHK出版、一九九七年、一七七頁、『言葉の力』九頁に引用）。

4　「物の間の因果」と「人の間の因果」の交錯

これまで私たちは、「物の間の因果」の理解を分析し、そこで働く論理としてまずは、物に働きかける、という行為の次元の重要性を取り出した。私たちはまずもって世界の中で行為するものとしてあり、物へと働きかける。知的な因果関係の理解も、この反省以前の「行為」と関係付けられて初めてその意味を得る。

第3節では、人と人との間に働く様々なやり取りをまずは「言葉」で代表させることとし、その分析の手段として「おとぎ話」を取り上げるという松永の戦略を要約し引用つつ、さらに、言葉に働きかけられるものとしての「私」のあり方を強調したのだった。

要約すれば、「物の間の因果」の理解、そして「人の間の因果」の理解を、私たちの因果理解の二つの典型的な場面として取り出し、それぞれの論理を明るみに出す、というのが第2節と第3節の課題であったといえる。

＊

ところで、現実のこの世界では、「物の間の因果」の理解と「人の間の因果」の理解は、複雑に絡み合って現われる。実際には、「人の間の因果」を理解するに際し「物」が重要な要因となる場合もあるし、逆に、「物の間の因果」の理解に人が絡んでくることもある。ここで「因果」という言葉が少し強ければ、「あり方」「かかわり」といった言葉を用いてもいい。

例えば私たちは、人間的と見做されている事象を了解する際に、すでに獲得している「物の間の因果」の理解を利用することがある。ある感情が生起しているときの脳内の状況についての自然科学的知見こそが、この感情を説明すると考えたりする場合だ。このとき私たちは確かに、「人間的事象」を「物の間の因果」の理解を用いて説明すると称している。あるいはある種の社会科学の構築の際に見られるように、「物の間の因果」の理解を方法論的なモデルとして用い、有効な図式として適用することもある。例えば、数理経済学のような学問の創生期において、力学から借りてきたモデルが利用されるといった事態を考えてみるとよい。

他方、「物のありよう」を、「人の間の因果」の理解を用いて説明することもしばしばなされる。私たちの生活を取り巻く事物の多くは、人の手が加えられることなくそれだけで私たちの眼前に現われるものではない。それらの事物の多くは、例えば一見自然物に見える樹木といったものでさえ、都市計画という人と人とのかかわりのなかで今あるように配置されている。物が物理的にそこにかくあるように至らしめた力として、しばしば人の世の論理が見出されるのである。あるいは、私が友人の部屋に始めて入ったとき、その部屋が美しく整理されているなら、そのとき私に訴えてくるのは、その友人の折り目正しい性格といったものではないだろうか。さらには、事物を実際に「人」、ないし「人」に近いものとして理解してしまう、そうした理解様式もある。これは通常フェティシズムと呼ばれるものだが、これは未開民族だけに見られるものではない。私たちが身の回りの事物に愛着を懐くというのは極めて普通のことであるし、むしろそうした認識のあり方には、人というものの存在をいくばくか炙り出すものがあるように思える。

＊

このように「物の理解のありよう」と「人の世の理解のありよう」は様々に交錯する。ここで一つ注意しておきたいのだが、人間的事象や「人と人との関わり」を「物の間の因果の理解」を通じて把握しようとする経験は、人類史上でも比較的遅く生じたものであるし、また、個人の発達段階でもかなりの知的成長の後に現われるものである。他方、「物のありよう」を「人のかかわり」の論理を通じて理解しようとすることは、例えばフェティシズムや、あるいは子供の因果関係の発達についての報告が示しているように、歴史的にもまた個人の成長においても先行するものであり、その意味で、根源的なものである可能性を持つ。確かに「もの」を「人」との関わりでのみ理解すること、例えばフェティシズムは、実証的な科学的認識と比較したときには、不十分とも言えよう。しかし、こうした理解図式は私たちのうちに実際に見られるものでもある。亡き人が大切にしていたものを、その人の人格がいくらか乗り移ったものと感じたり、あるいは、目の前の穏やかな光景が、静かに歌でも歌ってくれているような気持ちになったりすることが確かにある。仮にこうした了解が根源的であるのなら、その根源性は何に由来するのか。

これを理解するために、「物の理解」のあり方と、「人の間のかかわり」の理解という二つの理解様態を的確に分節したベルクソンの『道徳と宗教の二つの源泉』の第二章の言葉を取り上げてみよう。

「実際、私たちがすぐ前に見たように、原始的知性のなす経験は二つの部分に分かたれる。つまり一方には、手や道具の働きに服従し、予測可能であり、格別の心配は要らない部分がある、──世界のこの部分は、まだ数学的にではないが、ともかく物理的に把握されており、原因と結果の連鎖として現象している。いずれにしても、そうした連鎖として取り扱われている。ここでの表象は不分明だし、ほとんど無意識のものであろうが、それはたいした問題ではない。こうした表象は、たしかに外に顕わになってはいないかもしれない。だが知性がここで暗黙のうちにどう考えているかを知るためには、知性が実際にどう振舞っているかを見れば十分である。ところで他方、経験のうちには、制作的人間の手には負えぬと感じられる部分も存在する。この部分がもはや物を扱うようには扱われず、心情をこめて（moralement）扱われることになる。この部分へはわれわれの側からは働きかけ得ないのだから、そちらのほうから我々に働きかけてくれることをわれわれは期待する。自然はここで、人間味の染みとおった自然となってこよう。」（Bergson, *Les deux sources de la morale et de la religion*, PUF, 2008, pp. 171 f）

一方で自然には、制作的人間の「手や道具の働きに服従」する領域がある。この領域は「原因と結果の連鎖」として私たちに現われる。そして、この領域は未開人だけにではなく、私たちにも同じように現われる。

他方で制作的人間の「手に負えない」ことがある。この部分は「物を扱うようには扱われず、心情をこめて（moralement）扱われる」。「自然はここで、人間味の染みとおった自然となってこよう」。ではなぜ、「手に負えない」、見方によっては面倒な自然が、「人間味の染みとおった自然」なのかと言うと、むしろ「手に負えない」からこそ、「人間味の染みとおった自然」になるのだと私は主張したい。ベルクソンをフォローしつつ言えば、まず一方で、「手に負えない」事がらはこれに直面している人間にとって大きな意味を持つものである。しかし、大きな意味を持ちながらも、件の事象に何ら働きかけることができないためそれに不安を駆り立てられるとき、人はしばしば、「人」ないし「人に類似した何か」を立てることで、安心を得ようとする。[7]

だから、ベルクソンの言葉を借りて言えば、物の背後に人ないし人に類似した何かを見るということは、ある意味、人の心の中にある自然な傾向とも言える。これは、私たちにはどうしようもないある現象が私たちに迫ってくるときに、その原因として「人」を見たい、という私たちの欲望を何かしら反映しているのではないか。

つまり私たちは、何らかの感情のさざ波を受ける時、その原因として「人」ないし「人に近い何か」を想定してしまう、という自然な傾向を持つのではないか。[8] そして、何らかの感情を被るときに、「人に似た何か」を探してしまう、というこの経験は、実のところ決して不思議なことではないように思える。幼き日に喜怒哀楽を与えるもの、これは言葉や触れ合いを介した人ではないか（事実、よほど特殊な事例を考えなければ、人の介在なしで赤子が育つことは想定できない）。幼き子にとり、人とは、放置されれば育つことのできない自分を助けてくれる者であると同時に、語りかけ、誉め叱ることで、喜びや悲しみを与えてくれる者である。[9] 人と関わるとは何らか感情的なものを含みこむものであり、他方、感情は、それをひき起こしたものとして必ずや人、ないし人に近い何かを探させてしまうものなのである。

私は先に、「人に対する行為の原型を敢えて求めるなら、母親が赤ん坊を愛撫し不安を鎮める行為を揚げ得よう。そして、われわれの考えでは、また、ここに言語行為の基底をなす層がある。他者の内面を開こうとする試み、これが言語行為の核である」という松永の言葉を引いた。このとき、愛撫を受ける赤子はそのリズムに身を委ねる。そのとき訪れるのは、えも言われぬ安心であろう。「愛撫的仕方での触れられることにおける基底をなす感情は、委ねの感情、あるいは不安の不在である」（『私というものの成立』三四頁）。だから私たちは、この、「委ねの感情」「不安の不在」といった、劇的な要素を何ら持たない感情を享受するときですら、その感情を可能にしてくれる何らかの「人格的存在者」を感知しているのではないだろうか。そして翻れば、私たちがまずは人との交渉の中で学んでいく喜怒哀楽の感情、これを、自然の事象で感じた時に、人、ないし人に似た何かを見て取ってしまうが、これも一つの自然なあり方と言えよう。

意味のある事柄の背後に人を見てしまうこのような心理を、「神学的段階」と考え、これを追放しなければならない、とみなす考え方もある。そうした考え方も、理科教育の場合などで重要であろう。だが他方、私たちが自然が与えてくれる表情的な何かを享受し、その感情を味わいつつ、人格的な何かを感受するという経験も確かにあるのだ。

こうした、「物のありよう」を理解するために「人のありよう」の論理に導かれ、物の背後に人格的な何かを「原因」として感受する、そうした人間の姿を反省したときに浮かび上がってくるのは、人との交渉の中でまず感情を学び、それを世界の様々な事物の表情のうちに見いだし、そこで感情の豊かさを享受する私、という形象である。

*

最後に、こうした「感情の豊かさを享受する私」、という形象に、別の側面から光を与えてみたい。「感情を享受する私」が際立つのはどういうときか。例えば秋風に吹かれ季節の変化を感じながら、ふと鮮やかな銀杏の葉の色に心を奪われ立ち尽くすとき、あるいはある晴れた夏の日に、空の青さに永遠を見届けたような思いに捉われるとき、私たちは、事物の表情とでも呼ぶべきものが、行為へと促すことなく〈私〉の内面を染め上げていくことを感じる。そのとき〈私〉は、いわば無記的なものとして世界を享受する。こうした私の存在のありように、私は「結果としてのみ存在する〈私〉」という術語を、ひとまずは与えてみたい。私たちの感情は、確かに「原因」にもなりうる。心から感謝の念を抱くからこそ、人はそれを行為として表明しようとする。しかし、今記述している感情は、上に挙げた例からも推測されるように、ただそれだけで自足し、次の行為に繋がることなく、ただそれだけで味わわれうるものなのだ。松永は倦むことなく、この私のありようについて、語る。そして、こうしたありようを、人間の幸福の在り方として語る。

「次のような第三の知覚様態、完全な無為における知覚も人間には可能である。その様態では、知覚する私はいわば肉体から憧れ出でて、知覚世界全体と重なるかのようである。私は知覚世界の一つ一つのものと向き合うのではない。様々な物を含む全体が一なるものとして知覚され、その現われに私はいわば溺れる。」(『私というものの成立』一八頁)

この第三の知覚様態は、赤子が感じる「委ねの感情」「不安の不在」との連関を何かしら思わせるものではないか。この感情において、知覚されるものは、穏やかに、脅かすことなく、私の存在の感情を染め上げる。しかるに、この感情もまた、幼き日に学ばれるものである。いや、幼き日に、人とのかかわりのなかで他の諸々の感情を獲得していくための最重要な条件として働いている。そして、このようなあり方をできること、これが、人としてある幸福のすべてとは言わないまでも、その欠かすことのできない条件の一つである——これだけは動かないように思われる。

註

1　ある特定の存在様態の記述から存在構造の分析へという哲学の方法は、より強調されるべきではないか、と私は考えている。こうした分析は、主題となる存在様態の特性によって議論が限定される危険をはらみつつも、論者の個性と議論のひろがりがバランスを得た時、極めて刺激的なものとなる。例を二つ挙げる。一つは、本書でも引かれている松永澄夫の『食を料理する――哲学的考察』である。この書物は、食事をするという存在様態から出発して、人間の存在構造の様々を分析するものである。もう一冊として、賭けてしまう、という存在の様態から、豊富な話題を展開する刺激的な書物として、檜垣立哉『賭博／偶然の哲学』（河出書房新社、二〇〇八年）を挙げておきたい。

2　『知覚する私・理解する私』、特にその第三、四章。「因果連関から見た行為の諸側面」（『行為の構造』所収）など。

3　松永の思索の中で、「因果性」を問う人間という存在の様態の分析から浮かび上がってくるのは「行為する人間」である。他方、人間の「行為」の諸相こそが、松永の他の論考において論じられている。だからこそ、「因果性」を巡る諸論考は、様々に反響している。

4　もっとも実際上、主題の難しさもあってか、こうした書物は必ずしも多くはない。日本語で読めるものとして最も包括的なものとしては、以下のものがある。マリオ・ブンゲ『因果性――因果原理の近代科学における位置』（黒崎宏訳、岩波書店、一九七二年）。

5　ミショットについては、吉村浩一『運動現象のタキソノミー』（ナカニシヤ出版、二〇〇六年）を参照した。

6　オーギュスト・コント、『実証精神論』（世界の名著46『コント・スペンサー』（中央公論社、一九八〇年）一五六頁）。

7 「だから信念（croyance）の意味しているのは、その本質から言えば安心（confiance）に他ならず、最初の起源は恐怖ではなくて、恐怖に対する保障なのである。他方また、当初そうした信念の対象となるものは、必ずしも一個の生きた主体（personne）ではなく、そこには部分的な擬人的性格があれば十分である」(Bergson, *ibid*, p. 159)。

8 大きな不幸に襲われた人が「非科学的とはわかっていても、何か悪いことをした罰があたったのでは、と思ってしまう」といったことは、ごく日常的な事例ではないか。

9 「安全を脅かすものの存在すら気づかせない世界、そのように作られた世界に暮らす人は幸いなのである。そうして、翻るに、必ずや無力な肉の塊として生まれる赤ん坊が世話をされて大きくなってゆく過程は、そのような安全な世界での出来事であるべく求められている」（『私というものの成立』二一四頁）。

秩序論

人と人との間にはたらく力

松永哲学における言葉と秩序

谷口　薫

1　はじめに　松永哲学において秩序とは何か

『言葉の力』の冒頭で松永は次のように述べる。

「私は真理の概念は秩序というより大きな概念にいったん溶かされなければならないと考える。様々な秩序があるし、秩序の生成や崩壊、あるいは秩序を作ること、変容させることを私たちは考えることができる。秩序は時間的なものでありつつ、しかしながら刻々と変化するものでなく、独特の仕方で時間経過を超えて安定しているものである。そしてそれは私達人間との関係でいえば、私たちの行動様式と関わっていて、価値自体に基礎をもち、意味次元として成立している」（『言葉の力』ii頁）。

松永哲学の特徴の一つは、それが「真理」や「普遍性」を求めようとしない哲学だという点にある。哲学にせよ自然科学にせよ、古代ギリシア以来のヨーロッパの思想的産物はすべて、「普遍的な真理」を求めようとしてきた。松永哲学は、そうした普遍的真理への志向を持つ思想自体を、日常的な知識体系の中に位置づけようとする。そして、その日常的な知識体系のことを、松永は「秩序」という言葉で名指すのである。

私達は、様々な欲求や関心を抱いて周辺の事物や人々にはたらきかけ、それを理解する。そうやって作りだされていく、私達自身もがそこに含まれるような世界についての理解が、「秩序」である。松永は、そうした秩序のことを「地図」という比喩で語ることもある。松永にとって、私達の世界理解は、自分の周辺の事物を配置した地図のような形でなされるのである。

ところで、そうした私達の世界理解は、直接に知覚することができる日常の身の周りのことだけに限定されるわけではない。私達の周りのものは単なる事物ではなく、その多くは人工的な製作物であり、それを作った人の意図や科学的知識を反映し、さらには社会制度のようなものまで背景として持っている。例えば、街角に立つ建物一つとっても、建築家のデザインで設計され、力学的な計算に基づく耐震構造を持っていて、化学工業によって生産された建材で建てられている。その建物が建てられた時には、貨幣制度に従って金銭のやり取りがあっただろうし、個々の建物と土地には所有権があり所有者がいるなど、様々なことが読み取れる。松永が「地図」という時、このような様々な知識までもそこに描きこまれるべきものと考えられている。松永の「地図」は、単なる空間的なものではなく、概念の諸関係の地図でもあるのである。

松永にとっては科学や哲学における「普遍的真理」の概念も、そうした「諸概念の地図」のうちに描きこまれる。私達が、科学や哲学を学ぶ中で、「普遍的真理」と呼ばれるような概念をどのようにして学び、どのような順序によって理解したかということをたどり直し、明らかにすることが、松永が「地図を描くこと」という比喩で述べることの内実であろう。「どのような順序で理解したか」といっても、私達が実際に成長してきた過程を調査研究することが問題なのではなく、そうした私達の具体的な経験を参照しつつも、概念の起源となる知覚的経験の吟味や概念形成の前後関係を理念的に再構築することが問題なのである。それはいわば、十八世紀的な知の追究を現代において再演しようとする松永の一つの試みだと言えるのかもしれない。

冒頭において述べた「普遍的真理への志向を持つ思想自身を、日常的な知識体系の中に位置づけようとする」彼の姿勢とは、こうした意味に解されなくてはならない。そうした地図を描く作業を遂行する中で、いままで漠然としか理解されていなかった概念が明確なものとして作り直され、その結果、従来一般に考えられていたのとは少し姿を変えさせられることになる。

「秩序」という概念が、従来の「普遍的な真理」概念に比べて優れている点は、秩序が多種多様であり、欲求や関心など目的との関係でのみ意味を持つことが明らかな点にあると松永は考える。地図を描く際に私達は、「重要性の尺度に従いつつ或る側面を選び出しながら、しかもまさに対象そのものを浮かび上がらせる。だから、描かれたことの偽については指摘できても、一つしかあり得ないはずの真なる描写を言うことには意味がない」（『私というものの成立』三三頁）のだと彼は述べる。

こうして様々な目的に従って松永的「地図」は描かれる。そしてそれらは別々のものとして描かれるのではなく、重ね描きされていく。先にあげた例を繰り返すなら、私達は、一軒の建物を、デザインの面からも、耐震構造の面からも、素材の化学的成分の面からも理解することができる。これらの理解のどれかが「唯一の真なる理解」であるわけもなく、それぞれの理解は、目的関心の違いに基づく別の理解であって、それぞれなりの価値あるいは有効性を持っているのである。

2 秩序と意味——松永哲学の言語観

さて、ここまで松永の思索を「秩序」や「地図」、「理解」などの言葉をキーワードに整理してきたが、これらはつまるところ、世界についての意味づけであると言い換えることも出来る。冒頭の引用で明確にした通り、松永にとって、秩序を問題にする際に取り上げるべきは「意味の次元」であり、人間と人間とが言葉を介してはたらきかけ合うという事態なのである。

私達がなす理解とは私達の欲求や関心に基づくはたらきかけによって成立すると上では述べたが、現実には、日常的な世界において、私達は、多くの場合、既存の社会秩序や他人からのはたらきかけを受けて、それに対応するような仕方ではたらきかけを返している。私達の欲求や関心も、全く自発的なものであるというより、他人との関係の中で抱かれるものであることが多い。純粋に「自分のやりたいこと」などというのは難しいもので、生理的欲求以外にはほとんどみつからないと言ってもいいだろう。

実際のところ、私達が世界において設定する秩序は、私達が他人とのはたらきかけの中で成立するものであり、さらに言えば、物理的な力ではなく、意味の力によって人間が動かされることで作られている。というのも、人と人との間にはたらく力（意味の力）は、物と物との間にはたらく力（物理的な因果関係）とは全く異なる仕方で私達に作用し私達を拘束する。私達は、眼前のドアが閉まっている時にはそれを押して開けるが、立ちはだかっているのが人間であった場合には、そのような仕方で対処することはしない。私達は「通して下さい」と言ったり、ドアの脇であれば「開けて下さい」と言うのであって、大抵の場合はそれで道やドアを開けてもらえる。日常において私達は、他人に対して物理的な力を行使するような仕方で対処することがほとんどない。松永が指摘しているように[1]、通常、大人になった私達は、他人の身体にむやみに触れることをせず、あえて触れる場合には、愛情や好意など特別な感情の表現として接触するのである。つまり、対人行為においては、物理的な接触であっても、常に意味の力が媒介としてはたらくのである。

松永は、こうした人と人との間にはたらく意味の力に注目し、それを分析しようとする。人が私の言うことを聞いてくれるとは、考えてみれば不思議なことである。「通して下さい」と言いさえすれば、大抵の場合、人はどいてくれるし、「開けて下さい」と言いさえすればドアを開けてくれる。そこで松永は問うのである。「言葉を人が聞くとはどういうことか。そのとき何が生ずるのか。この部分は不思議なことではないのか。つまり、人がドアに手をかけて力を入れ、そうするとドアが動き、開く、この部分はよく分かるとしても、人が音声を聞いて、その結果、ドアに手をかけようとすること、この部分は同じようによく分かることではないのではないか」（『言葉の力』八頁）。

慣用的な表現では「他人が私の言葉に従って行動してくれる」ことを「言うことを聞く」と表現

したりするが、人が私の「言うことを聞く」ためにはまず、文字通り「私の言葉を聞いてくれる」ことが必要である。私達は普段、風の音や車の音など、様々な音を聞いているが、それらが特に何か異常を知らせるものでなければ、無視しても一向に平気である。しかし、私達は、自分に向けられた他人の言葉をただの音として扱うことは出来ない。むしろ自分に向けられた声をただの音として無視するにはちょっとした努力が必要である。私達は他人の声を聞いた瞬間に、そちらに注意を向けてしまうし、時には反射的に声を返そうとしてしまう。慣用表現の通り、「言うことを聞く」ことは、ほとんど「相手の言葉に従う」ことと一体だとさえ言えそうな構造がそこには存在する。

そもそも、松永の思索の中で、言葉についての思索はきわめて大きな位置を占めており、言語に関する論述を松永は数多く発表している。[2] しかし、彼が取り上げる「言葉」は、例えば上で引いた『言葉の力』ではきわめて日常的なモチーフを通して語られるものの、独特の言語観と深い思索に裏打ちされた構造を持っている。先に述べた「地図」の比喩を持ち出せば、松永は、言語というものの発生についてさえ、自分の地図に描きこもうとするのである。それゆえ、言葉を音として聞く時の、その他の音との違いについてや、言葉を通じて人と人との間にはたらく力、言葉を用いて私達が秩序を形作っていくありさまなどが、松永の言語論の主要な論点になる。

こうした論点は、言語学はもちろん、他の哲学者の言語論でもあまり扱われるものではなく、私達の日常的な言語についてのイメージからもほど遠いものかもしれない。それゆえ、もしかすると、初めて彼の著述を目にした読者の中には、違和感を覚えたり、戸惑いを感じたりする人もあるかもしれない。

例えば、私達が言語について持っているイメージの一つに、「言葉とは自分の内面を表現するものである」とか、「言葉とは何よりもコミュニケーションの手段である」といったものがあるのではないだろうか。例えば、小学校の国語の時間に詩の鑑賞をする時などに、「詩とは詩人の内面を表現したものであり、詩の言葉を通じて詩人の内面を読み取ることが肝要だ」などと指導されたことはないだろうか。あるいは、読書感想文などを書く際に「心の中で感じたことをそのまま言葉にしてみましょう」といったことを言われた者は少なくないだろう。そうした指導が前提としている言語観は、心の中に語るべきものが初めから存在しており、心の中を探して見つけ出したものを言語で表現することが出来るという発想であろう。

こうした発想は、言語をコミュニケーションの手段と捉える考え方とも表裏一体である。この考え方もまた、発話者の心の中に既に存在している情報に、言葉という記号をあてがうことで相手に伝達することが言語の役割だと見なすからである。

けれども、松永の発想は、ある意味ではこうした考え方と全く逆である。第一に、松永にとっては語るべきものは初めから心の中にあるのではなく、むしろ言語が語るべきものを構造化していくのである。つまり私達の心は言語によって秩序化されるものだということである。私達は自分が何者かということに関して自らの物語を語る仕方で形作って行く。

第二に、そうした秩序づけの物語は自分一人で作っていくものではなく、他者や外部との関わりによって作られていくのである。コミュニケーションが先にあってこそ、語られるべきものがその上に作られることになる、と言ってもいいだろう。

こうした松永の言語観は、言語の発生論と結びついている。人と人との行動による結びつき、つまり共同作業をすることによる結びつきが、言語を可能にする意味の共通の地盤を形作ると、松永は考える。私達を他者や外部と取り結ぶのはまずは行動であり、言語は行動の道具として導入されるのである。

ではなぜ人間は他人と共同作業をするのか。先に述べたように、私達は、他人から声をかけられた時にはどうしようもなく聞いてしまおうとする。私達は、本能的に他人と関係をとり結ぼうとする身体を持ってしまっており、そうした身体とともに生きている。身体は行動を可能にするものであると同時に、他人との共同作業をするべく構成されたものでもあるのだ。

こうしたことを念頭におきながら、以下では、松永の秩序論および言語論を具体的に見ていくことにしよう。第3節と第4節では、松永が取り上げる「おとぎ話」というユニークなモチーフについて、松永自身の言葉を引きながらまとめていく。その上で、第5節と第6節ではそもそも「意味」とは何かという問題について検討し、第7節では私自身の物語を語ることについて、最後に第8節では意味の共有と情緒の問題について論じて行く。

3　おとぎ話というモチーフ

人と人との間にはたらく力や、それによって作り出される秩序についての考察を展開するために松永が取り上げるユニークなモチーフが「おとぎ話」である。「おとぎ話」は松永が著作の中で取り上げるモチーフの中で最も魅力的なものの一つであろう。おとぎ話をめぐる彼の記述には、子供たちにおとぎ話を語って聞かせながら、いつの間にか自分の方が夢中になっている子煩悩な父親の姿が浮かび上がる。しかし同時に、「おとぎ話」をめぐる思索には、誰もが感じたり考えたりするような身近な場面から問題を掘り起こして行く松永哲学の、まさに真骨頂とも言える思考スタイルが発揮されている。私達が日常的によく触れるようなもので、おおよそ哲学からは程遠いと思われているようなモチーフを取り上げ、いったん取り上げたからには、漫然と生活しているだけでは決して及びようのない緻密な検討を松永は加えていく。その点でもおとぎ話はきわめて松永らしいモチーフだと言うことが出来よう。

『言葉の力』では松永によっておとぎ話は次のように導入される。

「おとぎ話がどのようなジャンルの話なのかについての面倒な議論は抜きで、竈の神様や鬼、不思議な力をもった狼、それに魔法使いや妖精などが出てくる話だとして議論する。そのような話は世界各地で古くからあり、会話のパターンにもいくつかの共通性があると思われる」(『言葉の力』三頁)。

こうしてこの著作では、考証的なことは問題にせず、次々に様々なおとぎ話が取り上げられる。たとえば、「アリババと四〇人の盗賊」「十二羽の雁」「猿蟹合戦」などである。とはいえ、松永によれば、これらの話には以下のような共通点がある。

「話が、人間の日常生活からすればあり得ないこと、それもいわば不思議な能力をもったものたちが、大きな役割を果たすという点であり得ないことが描かれていて、かつこれが肝心なことだが、多くの人々に親しまれてきたものであれば、何でもよい。多くの人々というのは、字の読めない大人も小さな子供も含むということである。まさにおとぎ話として誰かが語り、それを聞いて誰もが理解し、歓び、また、今度は聞いた側が誰かに話もする、そんな話である」(前掲書四頁)。

上の引用で松永が特に「肝心なこと」と強調するのは、老若男女に親しまれてきたという点、つまり社会的な浸透力をもって受け継がれてきたという点である。では、なぜそうしたおとぎ話を松永は考察するのか。これらのおとぎ話に彼が見出すのは、人と人との基本的な関係性の論理を学ばせるものとして機能するという役割である。子供はおとぎ話を聞いて、人と人との関係性の論理を学んでゆく。おとぎ話は、ある秩序を尊重・順守する人間の在り方を、きわめて単純化した形で経験させてくれるのである。

「おとぎ話は、結局、人と人との間柄をつくるものとその論理を、その最も単純化した形にして拡大してみせてくれているからだと、私は思う。……そこで私がおとぎ話を取り上げるのは、この、人と人との間柄をつくるものがどのような論理に従っているかを、おとぎ話に語ってもらうためである」（前掲書四頁）。

「こうして不思議な力をもつ妖精や魔法使いが出てくるようなおとぎ話が描く世界は、非現実の世界であるようにみえて、むしろ、そのありようの基本構造が単純で明瞭な形のもとで拡大されて見えやすくなった人間の世界である」（前掲書五七頁）。

「人と人との間柄をつくるもの」とそれが従っている「論理」をときほぐしていくのに、松永は、普遍的な原理など、いわゆる哲学的と思われる概念から出発することは決してしない。日常的なありふれたものを取り上げ、それが含む秩序や論理をあぶりだしていくことが彼の哲学のスタイルである。

従って、松永によるおとぎ話の考察は、例えば歴史性や語り手の問題をクローズアップして物語の潜在的構造をあぶりだそうとする「物語論」などとは全く異質なものである。また、松永は、この著作の後半において、主語と述部の構造や語と文の関係などを分析していくが、その目指すところは文法論的な構造分析とは程遠い。そこで問われているのは、私達が言葉を通して何を実現しているのか、人の行動について何が理解できているのか、という問いである。人は何に動かされ、何に従っているのか。松永は、言葉を使って相手にはたらきかけるという在り方をしている私達が、言葉を通して関係し合うというその事態のうちに既に含まれている「人間的な力」を描き出そうとしているのである。次節では、松永の「おとぎ話」論を具体的に取り上げ、言葉が可能にする人間的な力（意味の力）のありさまを見ていくことにしよう。

4　呪文・予言・誓い――おとぎ話の中で言葉が人に及ぼす力

松永にとって、人間の行動が特異なのは、言語を使用し意味を解すること、意味を通じて互いに行動を促したり促されたりすることが出来る点にある。「意味の力が人を動かし、更には人の世の秩序をつくる」（『言葉の力』二七頁）と松永は述べているが、まずもって言葉の力として着目されるのは、人を「動かす」こと、私達を行動に向かわせる力である。具体的にいうと、おとぎ話の中に登場する、言葉によって事物を動かす力としての「呪文」や、未来を確定し自身の行動を決定する力を発揮するものとしての「予言」「誓い」などが取り上げられていく。

しかし、なぜ「呪文」や「予言」なのだろうか。これらは、日常的な言葉の使い方であるというよりも、おとぎ話にしか出てこない、特異な使い方なのではないのか。もちろんその通りである。けれども、「おとぎ話に出てくる呪文は、言葉が力をもつ人の世界、この不思議さを拡大してみせてくれる」（前掲書九頁）のだと松永は言う。先に引用した一節で、松永はこう述べていた。

「言葉を人が聞くとはどういうことか。そのとき何が生ずるのか。この部分は不思議なことではないのか。つまり、人がドアに手をかけて力を入れ、そうするとドアが動き、開く、この部分はよく分かるとしても、人が音声を聞いて、その結果、ドアに手をかけようとすること、この部分は同じようによく分かることではないのではないか」。

人がドアを押したり引いたりするとドアが開くことには不思議はない。その人を起点とする物理的力による当然の結果である。[3]ところが、例えば「開けゴマ」という呪文では、そのような物理的力がはたらかないところで岩戸が開くのだから、不思議である。しかし、よく考えてみると、「開けて下さい」というお願いの言葉は、ドアに物理的な力をかけることなく、音声を聞いた人に結果としてドアを開ける運動を実行させる力があることになる。呪文が不思議なのと同じように、言葉が人を動かすことも不思議なことではないか、と松永は私達に問いかけるのである。呪文の不思議は、人が人の言うことを聞くということの不思議について考えさせてくれるきっかけになるのである。

こうして、おとぎ話は言葉の重要性を多方面から教えてくれる材料だと捉える松永は、呪文の次に、「予言」や「誓い」を取り上げる。

通常、単なる言葉とそれが現実であるかどうかということとは区別される。「現在のフランス国王はハゲである」と言ったところで、フランス国王が現代に存在しない事実に変わりはないし、国王なり誰かなりの毛が増えたり減ったりするなどということはない。よく小学校の卒業文集に子供たちは「将来の夢」を書かされるが、それらの言葉が全て現実になるなら、日本中、総理大臣だらけになってしまうだろう。言葉は架空のことを描くことができるし、嘘をつくこともできる。ところが、おとぎ話の妖精などが行う予言は、確実に実現へと結びついたものとして発せられる。松永の分析では、そうした予言は、「将来がどのようなものであるかを描き、その確実な到来を請け負う」（前掲書一三頁）という、言葉のもつ力を拡大して見せてくれるものなのである。人はいつでも、将来についての夢や予想を語る。それは実現するかどうかは分からないが、少なくとも、その言葉を他人に語ってしまった以上、意識的にであれ、無意識的にであれ、人はその言葉に縛られる。自分のかかわる未来の予想について聞かされた人もまた、その言葉に縛られる。将来について述べた言葉は、それを発した人や聞いた人の運命を紡いでいく。だからこそ、例えば、「縁起でもないこと」を口にすることを嫌うのであり、子供に向かって「あなたはきっといい子になるわ」と話しかけたりするのである。

「予言」ほど禍々しいものではないが、やはり私達の未来の行動を縛る言葉の力として、松永は「誓い」についても論じている。誓いは、漠然とした希望ではなく、言葉によって鮮明化され、多くの場合、他人や神を前にして、宣言されるものである。誓いとは、他人や神を証人として、自分自身となす約束であり、まだ実現されていない未来の行動について、言葉によってその可能性を開き、自身の意志によって実行へと結びつけていくことなのである。

このようにして松永は、おとぎ話を材料に、人と人との関わり合いにおける様々な言葉の使われ方を明らかにしていく。しかも、「言語はコミュニケーションの手段である」といった通常の言語観が想定しないような場面ばかりを取り上げる。いずれの場面においても、「言葉」と「行動」がいかに呼応するかが問題であって、言葉と行動がどのような積み重ねを形成していくかに焦点が当てられているのである。

そうした議論において松永が強調するのは、言葉は本来、行動の道具という側面を持つということである。人と人との間には、言葉によって行動を支配し、促し、それによって出来事が動いていくという構造が確かに存在する。こうした言葉の在り方には、相手であれ（お願いの場合）、自分であれ（誓いの場合）、言葉を受け取って行動する人がいるということが大前提となっている。

「私たちはいつでも言葉でやすやすと沢山のことを実現する。手を動かし、体を使って何事かをなすよりもずっと多く、言葉を使うことでもって成し遂げている、これが私たちの暮らしである。ただ、言葉は万能ではない。というのも、言葉を補うもの（言葉を聞いた人の物理力の発動）があって初めて言葉は力をもつのだからである」（前掲書八頁）。

「不言実行」の精神などという言葉に表わされるように、とかく私達は、言葉と行動は区別されるべき別の領域で、言葉は言葉にすぎず、行動だけが実際に出来事を動かすと考えがちであるが、現実の人間世界では言葉は自分なり相手なりを動かし、あるいは行動を中止させるなど、状況を統制するために使われるのだということを、松永は浮かび上がらせるのである。[4]

この節では、言葉が人におよぼす力について考えるために、松永がおとぎ話に関連して取り上げる様々な言葉について見てきた。松永がこれらの記述を通して強調することは、言葉のもつ力は、「気持ち」を伝えることなどにあるのではなく、まずもって人を動かし、行動に結びつく点にあるということである。松永にとって、言葉はまず何よりも行動の道具なのである。

しかし、ここまでで取り上げたような「おとぎ話」論における言葉の力の分析は、私達が普段あまり意識しないような言葉のはたらきを浮き彫りにすることを主眼とするもので、なぜ言葉はそうした力を持つのかを説明するための考察はまだあまり前面に出てきていない。次節では、『言葉の力』をさらに読み進め、言葉がはたらく仕組みについて考察を進めて行こう。

5 意味の力——過去を現在にさしこんで理解する人間

前節では、言葉は本来行動の道具だと述べてきた。しかし、言葉はなぜ、どのようにして「道具」としてはたらくことができるのだろうか。第2節で既に、言葉の力とは、人と人との間にはたらく「意味の力」であることを述べてきた。そこで、この節では、言葉の力のはたらく仕組みを検討するために、意味というものの成り立ちやそのはたらき方を明らかにするべく考察を進めて行こう。

松永の「おとぎ話」論では、呪文など、眼前の相手にはたらきかける言葉の力のほかに、「予言」や「誓い」などが取り上げられていた。それらについての考察が明るみに出すのは、私達が自分が述べた言葉に縛られるということである。これはすなわち、現在の私達が過去に述べた言葉に縛られているということでもある。言葉が行動の道具であるという論点をさらに重ねるなら、私達は、過去の行動によって現在の私達なのだということになる。松永の言葉を引けば、人間は「どのような選びを積み重ねてきたかによって、一人一人が大きく違う」（『言葉の力』二五頁）のである。そして、「それぞれに違いをもって生きている人間が互いに交際しあう、ここに人の生活の本領がある」（前掲書二六頁）。

つまりは、人間は、単に現在にのみ生きているのではなく、現在に過去を差し込むような仕方で自分自身や他人、さらには周囲の事物を理解し、それらとの関係を成立させている。こうして現在に差し込まれた過去こそが、「意味」というものの内実であろう。人間が織りなす意味世界の根幹にあるのは、過去の記憶と、過去を有効なものとして現在において評価する考え方だと松永は整理する。人と人との間では「過去は意味に変貌して、その過去という資格での効力を発揮する」（前掲書二三頁）のである。

それに対して、自然においては「現在だけがものを言う」（前掲書三〇頁）。例えば、体の小さなハイエナは集団で苦労して狩りをして捕らえた獲物を体の大きなライオンに横取りされることがあるという。しかし、ライオンにとって、けがをして衰弱死した獲物もハイエナが倒した獲物も「自然の恵み」である限りでは区別はなく、ハイエナが倒したという過去の功績をライオンは考慮したりはしない。他方、ハイエナにとっても、ライオンに襲撃されるということは、獲物に抵抗されてけがをすることや、獲物に逃げられることと同様に、自然の災難の一つでしかない。

ところが、人間は、こうしたライオンの行動を、「ハイエナが労働によって獲得した報酬に対して不当な侵害をしたのでずるい」という風に理解してしまいがちである。こうした理解は、当のライオンやハイエナが持つ意識とはかけ離れたものであろう。人間の場合に限ってのみ、過去の経緯によって現在の行動や態度が縛られる。要するに、人と人との間に成立している「現在」が動物の現在と大きく異なる点は、その現在に多くの過去が差し込まれ、それらが過去であるという資格において効力を発揮するという点である。しかもそうした力が、「意味の力」、「言葉の力」として他者に影響を及ぼすということは、そうした過去の持つ力が、人々の間で共有されているということでもある。

もちろん、一口に過去といっても様々であって、現在においてもはや効力を持たないような過去の出来事や行動はたくさんある。では現在に差し込まれ参照される過去とはどんなものか。この点につき、松永の議論を追いながら整理していこう。

松永は、私達が参照し評価する過去には二種類あるという。一つは、その人本人がなしてきた過去の行動であり、もう一つは、その人の出自など、必ずしもその人が主体的に選択したのではないような過去である。それぞれ、もう少し詳しく見ていくことにしよう。

「行動の過去」は、第一に、その人が持つ「権利」を立ち現せる。たとえば「猿蟹合戦」において描かれるのは、労働とそれに伴って生じる正当な所有権という概念である。周知の通り、このお話では、蟹が柿の木を懸命に世話し、育てるが、その果実を猿に横取りされてしまう。物語では、そうした猿の行為が罰せられることになる。蟹が柿の木を育てたという過去の行為が、柿の実がなった後の現在において柿の実の所有権を蟹に与えるのである。権利はきわめて社会的な力であり、こうした権利の分配こそが人間の社会的秩序の基礎となる。

また、「行動の過去」がその人の「人となり」を示すというのは常識的なことであろう。今まで約束を守らなかった者は信頼できない者であり、黙々と働いてきた者がまじめな者であると評価されることは当然である。そうした仕方での理解は、おとぎ話の中でも繰り返し語られる。正直じいさんが得をして、意地悪じいさんが罰せられるという対比構造は、「舌切雀」や「花咲か爺」など、おなじみのものである。また、「十二羽の雁」や「せむしの仔馬」など、様々な試練に直面し乗り越える主人公が、最終的に評価され幸せをつかむというストーリーも多い。過去の立派な行動は、その人の「人となり」を示すものであり、立派な人格の証拠、幸福に値する資格の証拠となる。

このように、ある人がなしてきた過去の行動は現在に差し込まれ、その人の道徳的評価（人となり）や、所有などの社会的権利として力を発揮する。私達は、他の人に接する時に、その人の人となりによって対処を変える。また、たとえ人となりがどんなものであれ、その人の社会的権利は最低限尊重される。とはいえ、自由主義社会は本人の努力が評価される社会なので、こうした「本人のなした過去」が重視されることが当然となっている。

ところで私達は、本人の行動によってその人を評価するだけでなく、出自などによってもその人を評価してしまうものである。そうしたことは、「万人の平等」を建前とする現代社会ではなかなか表立っては語られないが、歴然と私達の間ではたらく力をもつ。おとぎ話では、例えばしばしば「王子」が登場し、彼らがその生まれや育ちによって敬われることが当然視されている。彼らは王の息子として王宮に住み、お姫様が結婚すべき相手として登場する。また王子は、王宮を離れたり追い出されたりしても、剣や立派な服装や言葉遣いなどからそれと分かってしまう。

こうした「出自の過去」は、次節で取り上げる「標《しるし》」ととりわけ密接に連関して効力を発揮する。出自の過去は、その人が誰であり、何を与えられていて、何が許されるかを個人の行動や人となりに先立って自明的に決定する。そうした過去は、たとえば剣や服装などの標によって現在において示される。人間の社会において、このような、個人の力ではどうにもならないような形での過去の力もはたらいており、そうした過去が人々に社会的に承認されるがゆえに実際その通りに機能するという在り方をしている。

以上述べてきた通り、松永は、現在に対する過去の差し込まれ方として、「行動の過去」と「出自の過去」の二つを指摘するが、私達の日常においては、これらの過去が絡まりあい重なり合ってはたらいており、私達自身はもちろん、他の人の私に対する行動や評価を縛る。人間は様々な制約を抱えつつも自分の行動を選択する自由を持つものであり、だからこそ私達は過去に人が何をしてきたか、どのような積み重ねをしてきたかを評価する。言葉を通じてはたらきかけ合うことの出来る人間の関係は、人間が過去によって評価される評価システムの中に置かれてこそ機能する。私達はその都度現在目の前で生起している出来事や知覚される事物のみを考慮するのではなく、過去を意味という抽象的次元に転化して参照し、それを考慮して行動することが出来るのである。

この節では人間が過去を現在に差し込んで読み取り行動することを見てきた。ところで、不在の過去を喚起するためには、私達が一定の標を理解し利用出来るということが不可欠になる。そこで次節では、標について見て行くことにしよう。

6 過去を示す標、標としての言葉[6]

前節では、人と人との間で過去が意味として効力を発揮し、私達の行動や評価を縛ることを確認してきた。ところで複数の人間の間で意味が共有されるためには、異なる人間によってであっても、多様に積み重ねられてきた過去の中で同じ過去が喚起されるのではなくてはならない。あるいは、その場ではすぐに気がつかなくても、指摘されれば納得するような仕方で、現在に差し込まれた過去が理解されなくてはならない。ここで、「過去を指し示している、現前するもの」としての「標《しるし》」が重要になってくる。過去が現在において効力を発揮するのは、特定の標によってそのような過去があったことが喚起されるからである。私達は頭の中に全ての過去をしまいこんでいるわけではなく、現在における世界の中に「標」を見出すことで、積み重ねられた過去を確認し、記憶を呼びさまされるのである[7]。

こうした標としては、先に述べたような王子を示す剣や服装などのほか、自然の風景の中で目立つ特徴や誰かが耕したものとしての畑などが標としてはたらく。私達はそうしたものを見て、そこにあった様々な過去を知る。そして私達は、意図的に標を残すことで、現在のことを未来に差し込もうとする。現在の世界には、そうして意図的に残された標がたくさんある。私達は、自分や他人が意図的に残した標を適切に理解することで、人と人との間の秩序を安定したものとして成立させる。このような意図的に残された標の延長線上で考えることが、言葉のはたらきについて理解するために大変有効だと松永は考える。

そこで松永は、人の意図的な行動によって人為的に残された標の例として、「ヘンゼルとグレーテル」のおとぎ話を取り上げる。ヘンゼルは母親によって森に捨てられてしまうのだが、森の中に行く道すがら白い小石を落とし、それをたどって家に帰ることが出来た。このヘンゼルの道標を取り上げることで松永が示すのは、標というものが以下のような性質を持つということである。

第一に、標は容易に知覚できるものでなくてはならない。ヘンゼルが落としていったのが白くてよく目立つ小石ではなく、他の小石と区別できないものであったなら、路傍の他の石にまぎれてヘンゼルは家への道を知ることができなかっただろう。

第二に、標は容易に操作できるものでなくてはならない。ヘンゼルの小石はポケットに入り、簡単に取り出して落とせるようなものであったので、標として扱うことができた。これが大きすぎる岩であったり保存に手間のかかる物質であったりすれば、標として利用することは出来ないか、出来たとしてもかなり困難をきわめる。

もちろん、自然に初めから存在している岩などを目印として覚えておくことは可能である。しかし、長い道のりの中で、偶然に目印となるものを見つけ出し、その都度順番に覚えておくのはかかなり大変なことである。最初は岩、次は滝、それから太い杉の木だったはず……あれ、切株が先だったかな？　それってこの切株だっけ？　などと混乱して道に迷ってしまう可能性も大きい。

ここから、標に求められる第三の性質が気づかれる。つまり、標は一連の類似した要素で出来ていることが望ましいということである。白い小石は互いに類似しているので、道順を知るためには、単にそれを見つけ出しさえすればよい。さらに、もう少し工夫すれば、より多くの情報を小石そのものに語らせることもできる。例えば、行程の最初の方では白い石、次にしばらく黒い石を、最後に青い石を順番に落としていくなどの余裕があれば、白い石によってもう家がかなり近づいたことを知るなどのことが出来る。つまり標は、相互に類似した共通点によって「グループ化」されるものであることが望ましいが、加えて同時に、そのグループの枠内で互いに対立するような性質をも持っているものであるとさらに望ましいことになる。

標を利用することは「知覚世界の二層化」（『音の経験』一七一頁）だと松永は説明する。小石を道に落とすことでヘンゼルは、単なる自然物の集合体である森の中に、読み取るべき過去の自分の行為の跡を残していった。標の知覚は、基層となる森の知覚に、帰るべき道を示す別の意味を重ね描きしていく。ヘンゼルは、この標を手がかりとして、迷うことなく、まっすぐに家へ向かって歩くことが出来る。小石の標は、過去の行動を示唆することで、現在において一貫した行動の秩序を導く手掛かりとなるのである。

標についてこれらの要件を確認してみると、言葉という標がいかにすぐれた標かが明らかになる。

第一に、言葉は音として容易に知覚できる。第2節でも指摘した通り、私達は人の声に大変敏感であり、「言うことを聞いてしまう」存在である。路傍に転がる様々な石の中でヘンゼルの白い石が目立ったのと同様、人の声は様々な音の中にあって大変に目立つ。第二に、私達は自分の口の運動だけで、何の道具も用いることなく手軽に様々な音を生み出すことが出来る。小石を標として用いるには、わざわざそれを集めて持ち運ばなくてはならないが、声を出すためには特別な準備は何もいらない。[8] 最後に、声は、声という枠内で、高低、強弱、長短、清濁などの対立構造を容易に設定することが出来る。このような声というものの構造を利用することで、声を用いた秩序体系を構築することが出来る。言語とはまさにそうした秩序体系に他ならない。

こうして、標についての考察は、言語を可能にしている、私達の声というものに求められる性質を浮かび上がらせる。標を出発点とする考察によって、過去を参照することで行動を導き、知覚的な同質性と対立を利用して多くの情報を伝え分けるという、言語の役割というものが明らかになる。言語は、過去の行動を告げ知らせ、それによって現在の行動を導く、行動の道具だということである。

7　地図を描く私と私の物語

これまで見てきたように、私達は、世界の中に様々な標を残しながら行動し、次の機会にはその標を手がかりにして、より秩序立った行動をすることが出来るようになる。人と人とが織りなす社会においては、様々な行動が様々な標を残し、世界は様々な行動の秩序によって意味づけられ、重ね描きされていく。こうした繰り返しの中で私達は自分たちの身の周りの世界を徐々に「なじみある」世界にして行く。私達は、現在にのみ生きるのではなく、現在に過去を差し込むような仕方で理解し、過去を尊重しながら生きているのである。

もちろん、動物であっても多少なりとも現在に過去を差し込みながら生きているのではないかとの疑問が出るかもしれない。ハイエナやライオンは、労働や所有権という概念は持たないが、それでもライオンに獲物を横取りされたハイエナは、ライオンを警戒するようになるのではないか。それは過去を現在に差し込むことではないのか。また、犬はいつもの散歩道をおぼえるように見えるし、自分の跡を残して縄張りを主張する。これは、過去を差し込むことや標を残すことではないのか。松永の議論は、どちらかと言えば、動物と人間の差異を強調するきらいがある。[9] 自然においては「現在のみがものを言う」（『言葉の力』三〇頁）のは確かに一面の真理を突いているが、一方で動物も、自らの経験によって学び、自らの周辺の世界を彼らなりに意味づけているということは事実であろう。彼らは、どこに行けば餌があるか、どれが危険な天敵かを知っており、それらに対して秩序だった適切な対応が出来るのであるから、松永的に言えば彼らなりの「地図を描いている」といっても差し支えない。

しかし、私達がこれまで考察してきた人間的な秩序の特徴、すなわち言葉が描く地図の特徴について述べれば、やはり動物の持つ秩序との間には看過できない差異がある。

第一に、人間のみが現在に差し込む過去の例として、所有権を松永が取り上げていたことは重要である。つまり、権利や権限と結びついた社会的意味は、まさに人間のみが現在に持ち込む過去である。従って、人間の社会においては、物理的には容易に獲得できるはずのものをあえて取らないなどの行動が導き出される。だから、隣の家の庭で栽培されている野菜は、たとえ隣人が留守のときでも取ってはならない。動物であれば、誰かが見張っていて追い払いでもしない限り、何も気にすることなく食べてしまうだろう。

このことは、私達が、物について、自分にとっての意味だけではなく、他人にとっての意味をも読み取り、それを尊重するということを示している。人間のみが現在に差し込むことの出来る過去とは、他人のなした過去、他人にとっての過去なのである。人間が描く地図には、自分の経験はもちろんのこと、他人にとっての意味もまた、重ね描きされていくのである。言い換えれば、人間は、さしあたっての自分の行動とは関係ないものについても理解して、自らの地図に描きこむことが出来るということである。例えば、初めて見た建物が「学校」だと言われれば、それが他の誰かにとってどういう場所なのかを理解できるのであり、自分の行動ではない他の基準との関連で物事を意味づけすることが出来るのである。

第二に、人間は過去の経験を参照して行動するばかりでなく、「私」の物語を紡ぐということも出来る。「私」の物語は私達自身の自己了解のために紡がれるものであるが、そうした自己了解は、他人に示すためになされるものでもある。私の物語を語るということは、社会的行動でもあるのである。従って、私達は自らの行動を選択する時に、自分が何者かという自己理解にふさわしい仕方で決断し行動しようとする。例えば「勇敢な戦士」と自他共に認める人は五分五分の戦いで撤退することを容易には決断しないだろうし、「自分はダメな人間なんだ」と思い込んでいる人物はなかなか積極的な行動や生産的な行動が取れない。こうした「私」の行動は、状況に対する合理的で冷静な判断ゆえにそうなるのでは必ずしもなく、むしろ、自分は何者かということの理解によってバイアスがかかった仕方で生み出された結論であり、他人の目にどう映るかということが判断の重要な要素に入り込んでいる。言い換えれば、「私」にふさわしい行動とは、自分の価値の把握によって成立するのであり、価値判断を伴った社会的な行動なのである。

そして、そうした判断の積み重ね、行動の積み重ねが、ひるがえって自分が何者かという物語として積み重ねられて行く。私の物語は、こうした自己評価と行動はもちろん、他者による評価によっても作り上げられて行く。他者による評価は、実際に交流する人物の多少にかかわらず、「言葉の力」として私達の行動と評価に否応なく入り込むものなのである。先に第2節にて、自らの物語は「自分一人で作っていくものではなく、他者や外部との関わりによって作られていく」と述べたが、「私」の物語とは「私」だけの物語ではありえず、常に既に人と人との間で成立する物語である。「私の人となり」、「私の内面」、「私らしさ」などといったものは、はじめから私の中に隠されているのではなく、他者とのかかわりの中で物語として作り上げられていくのである。

このように見てくると、人間が描く地図と動物が描く地図との根本的な違いは、他者がなした意味づけを重ね描きするか否かという点に何よりも存することが明らかになる。人間が扱う秩序とは、他者と共有された意味の秩序なのである。そこで、続く最後の節では、人間が他者と意味を共有出来るのはどうしてなのかという点について松永の議論を取り上げていくことにしよう。

8　おわりに　言葉と情緒と

これまで見てきた通り、松永の秩序論は徹底して「言葉」と「行動」の秩序論であった。彼の考察は、気持ちや感情の問題を切り離して進められるし、言葉が一義的にコミュニケーションの道具などではないことが要の論点の一つである。松永にとって、意味の秩序の問題は、「コミュニケーションの問題」として、すなわち情報の相互的伝達の問題として論じられるべきではない。「行動する人が自分の行動をコントロールするということの内実を一方におき、他方で他人の行動を私たちが理解できるのはどのようなことかという問題を立てて意味の問題を検討するというのは、事柄によく即した遣り方なのである。コミュニケーションの問題を情報の遣り取りの問題に限定する前に、その成立を人の振る舞いの相互理解という基盤に立ち戻る仕方で考察しなければならない」(『音の経験』一七二頁)。

ではなぜ私達は、あたかもコミュニケーションといった「通じ合い」の作業こそが言葉の役割として一番大事なものであるかのような先入観をもつのか。この問いに答えるには、松永哲学における感情や情緒の位置づけを確認することが手掛かりになる。松永哲学において人間の感情や情緒は重要な役割を果たしていないのか。むろん、そうではない。松永にとって、情緒の問題は、むしろ行動の相互理解を可能にするような前提となる基層をなしているのである。

先に第2節において、私達が自分に向けられた他人の言葉をただの音として扱うことが出来ずに、他人の声を聞いた瞬間に、そちらに注意を向け、ほとんど反射的に声を返そうとしてしまうことについて述べた。私達は、他の人間の呼びかけにはことのほか敏感に反応するのであり、他人が呼びかける声の意味が分からない時でさえ、声の調子や表情から何かを必死に読み取ろうとする。そこで問題になるのは、もはや行動ではなく、むしろ行動以前の情緒的共有とでも呼べるものである。一般に、私達は、相手が友好的な気分で接してくれる時にはこちらも友好的な気分で相手に応じる。そうしてお互いに友好的な気分が共有されたと感じた時には、その相手と共に過ごしたり、共に何かをしたりすることに喜びを感じる。そうした情緒的な場の開かれこそが、共同作業や言語が生い育つ土壌となるのである。

『言葉の力』『音の経験』と二部に渡って進められてきた秩序をめぐる松永の議論は、こうした意味の共有の基盤を論じることで幕を閉じる。そこで最後に引かれるのは、『水の国をみた少年』というアメリカ先住民の世界を舞台にした少年の物語である（『音の経験』三八九―三九〇頁）。少年は冒険の過程で、言葉の通じない別の部族と交流する。少年は、彼らと焚き火を囲みながら、「ハハハ」

と笑う。リラックスした雰囲気の中で、言葉が通じなくても、お互いに「敵対的でない。仲間になれる」という感じが共有されていく。人と人との間には、言語的なコミュニケーションに先立って、互いの警戒心を解くような情緒的交感があるのだ。そこには「各自が行動をばらばらになす可能性に抗して共通の世界をつくろうとする努力」を確認しあう情緒の基層が広がっていると松永は述べる。

人が他者を理解し、他者と言葉を交わし、他者とともに社会を作って生きていくためには、その前提として、こうした情緒的な交感の場が必要である。これは何も、言葉の通じない部族と出会うというような特殊な場面に限ったことではない。全ての人間が、一個の動物として、あるいは単なる肉の塊といったほうが適切なような存在として生まれてから、「人となる」ために必ずや通過するものだと松永は考える。

松永の他の著作を見ても、人間関係の基礎に情緒的な分かり合いの基層があるという論点は、一貫して論じられてきた。『私というものの成立』の中では、赤ん坊が、人としての意味の世界に招き入れられていくさまが描かれている。赤ん坊は、自分の欲求にのみ従って泣き、手足をばたつかせ、満足すれば喜び、眠る。そうした赤ん坊の行動に対応して、親は赤ん坊の世話をしケアする。赤ん坊にとって世話してくれる親は、単なる物ではなく、自分の欲求や行動にあわせて動いてくれる存在であり、また、頬ずりや愛撫といった愛情のこもった肉体的接触を交わし、情緒的に安定した雰囲気を作ってくれる存在でもある。赤ん坊が年長者と交わす情緒的反響が、「赤ん坊を動物であることによって規定された窮屈な時間から抜け出させ、人々の共同性によって紡がれる時間へと誘う」（『私というものの成立』五二–五三頁）のだと松永は論じている。

こうした情緒的交感が共感の基層を作り、人と人との間に、一緒に何か出来そうだ、共に何かしたいという思いが共有されていく。そこには共同作業の場が開かれる。人間は他者と共同作業をする生き物なのである。ところで、共同作業を遂行するには、自分がなす行動の意味と、相手がなす行動の意味が一致していなくてはならない。相互理解がずれている時には、多くの場合、齟齬が露呈する。そうした時には、共同に作業を行おうとする者同士の中で、お互いの行動の意味を確認しあうことが必要になるだろう。そうした確認作業の繰り返しの中で、私達が共有すべき意味は確定されていく。「言葉は定義によって内容を獲得する記号ではない」（『音の経験』二七一頁）と松永は言う。言葉が秩序を構造化するのである。ある言葉が担う意味は、初めから固定されているものではなく、共同作業の中で、意味が言葉を追っかける形で形成されていくのである。

言葉は行動の道具であり、行動の道具としてこそ力を発揮する。しかし、人と人とがそもそも言葉を交わす基盤となり、意味と行動の世界へと踏み出す足場となるのは、人と共にあることに喜びを感じる私達の情緒の力なのである。[11]

＊

本論では、松永哲学における「秩序」の問題、すなわち人と人との間にはたらく力についての考察を追いかけてきた。私たちの生は、他者と関わりながら、自分もそのうちに描かれた地図を描く作業によって紡ぎ出される。哲学の作業は、そうした生の営みを自覚的にたどりなおすことにある。松永の哲学は、本書のタイトルが示す通り、まさに「地図」を描く哲学なのである。

註

1 『私というものの成立』二一九―三三二頁。

2 例えば本文中で引いたもの以外にも「コンディヤックの記号論」「記号における運動の発見」など。詳しくは巻末の著作目録を参照されたい。

3 もちろん、こうした物理的な力のはたらきについても不思議を見出すことは出来る。近代の哲学はまさにそうした思索であった。「なぜ」力を入れると物は動くのか？　という疑問に、どのような答えを与えるべきかを哲学者たちは問うたのである。また、物同士の運動も不思議なだけでなく、心身二元論的な立場から言えば、人が意志すると身体が動くということも謎だということになる。マルブランシュの「機会原因説」は、物理的な力のはたらきや心身間の因果関係の原因を神に帰すことで、そうした謎の解決を図る理論であった。松永は『知覚する私・理解する私』の中で、マルブランシュの因果関係論とその近代哲学・科学史上の位置について、大きく扱っている。

4 注意しなくてはならないが、ここで問題になっているのは、行動に向かう人間の気持ちではなく、行動そのものである。冒頭でも述べた通り、とかく「人間的である」ことは人間の「心」「気持ち」の問題と結びつけられやすい。しかし、彼がここで考察しているのはあくまで人間の「行動」と「言葉」の関係である。松永自身が『言葉の力』の中で「人を慰めたりする言葉の力は別である」（八頁）、「言葉が人を勇気づけたり、慰めたり、逆に意気阻喪させたり、疑心暗鬼にさせたりする力をもつことは別に論じる必要がある」

（二二頁）など、人の感情にはたらきかけることを主眼とする言葉とは事態を区別して考えるように繰り返し注意を喚起している。

5　しかし、厳密に言うならば、「ドアを開けて」と言うと人が代わりに開けてくれるという先の例は、ここまで述べてきた過去の評価だけでは説明がつかない。私達は、過去に親切にしてくれたり立派な行動をしてきた人が「開けて」と言えばもちろんドアを開けるだろうが、他方で、見ず知らずの、つまり参照するべき過去＝意味を見いだせない人間に「開けて」と言われた時でも、特に危険な状況でもない限り基本的に開けるであろう。この点については、後の節で情緒の問題との関わりで考えなくてはならない。

6　松永は、「しるし」という言葉について、例えば尖った岩山をどこか目的地に向かう道筋の目印にするなど知覚世界に既に存在しているものを使って何か他のものを読み取る場合に「徴」、人が何かを告げ知らせるために知覚世界に人為的に投入するものを「標」と表記し分けている（『音の経験』一六一頁）。ここでは私達の交わす言葉について述べていくので、彼の表記に従って「標」と表記する。別の論文（「人の社会の秩序をつくるもの」東京大学哲学研究室『論集XVIII』所載）では、人為的なものも「徴」としている場合もあるし、「跡」という表記もみられる。意味を担う媒体で、ここが重要な点だが、かつ一般に言われるような「記号」ではないものを示していると考えるべきであろう。

7　人と人との間では現前する物質的なものが過去を指し示すという事態については、松永の他の著作においても繰り返し論じられている。例えば、『私というものの成立』では、「そのつどに現在の事柄でしかない物質的なものが、人々の解釈を通して、人が関わる過去をとどめ蓄積する媒体となる」（六八頁）のだと述べている。

8　もっとも、声は小石と違ってその場には残らず、出すと同時に消えていく性質のものであることにも注意が必要だろう。音の時間性については、『音の経験』の第九章に詳細な検討が見られる。

9　言うまでもなく、人間的な知性の発生を論じるに当たって人間と動物の差異を取り上げることは、十八世紀フランス認識論哲学の常道であった。こうした文脈において問題となる人間と動物との差異は、いわば進化論的な意味で時間的に前後して展開する差異などではなく、種の差異として同時的に存している差異であり、そうした差異を素材として発生論的考察という思考実験がなされているのだという点に注意しなくてはならない。

10　こうした論点は、松永の知覚論においても繰り返し取り上げられる。動物が持つ知覚は、彼らの行動の関連のあるものを抽出するはたらきであるのに対して、人間は当面の行動とは関係ないものについても知覚することが出来る。例えば人間は、鳥が渡りに利用するように何か行動の指針となるわけでもないのに星を見ることができ、また単に星を眺めることを楽しむことも出来るのである。

11　先に注4でふれた感情を喚起する言葉のはたらきについて補足しておくならば、感情を喚起する言葉は、ここまで述べてきた情緒的共感という基層と行動の相互的理解が成立した上でこそ、力を発揮するということに注意しなくてはならない。感情を喚起する言葉についての詳しい考察は別の機会にゆずるものとする。

生命論

食べることと生

『「食を料理する」　哲学的考察』によせて

檜垣立哉

1　はじめに　生命と倫理

ＮＨＫのテレビ番組では、アフリカのサバンナの自然を見させる番組が数多く放映されている。こうしたナチュラル・ヒストリー、あるいはナチュラル・ジオグラフィーとも分類できる番組が、一体何の目的で作成されるのか、いまひとつ分からない部分がある（自然保護的言説を流通させたいという、政治的な意図を感じもする）。しかし一面では、これらは確かに子供向けの教育番組であり、私も自分の子供が小さいときは、一緒になってかなりの量を見た。しかしいつも考えてしまうのは、そこで子供にアフリカの自然を見させることは、何を意味するのかということである。

この手の番組の主要な主人公はライオンであり、またライオンに捕食される数々の生き物である。ライオンはとりあえず、食物連鎖の頂点のような位置にいる。とはいえ、ライオンがいつも強者であるわけではない。何日も獲物を得られないひもじさにうろつくライオンの姿は哀れさを誘い、たまさかに得られた食べ物は、その仔らにも大きな喜びを与える。獲物の肉をほおばるライオンの仔たちは、まさに狂喜乱舞しつつ獲物にむしゃぶりついていく。だが同時に喰われる草食動物は、まさにその陰惨な姿をカメラの前に晒してしまう。

私たちはここで、ひもじさに身をすくませるライオンの側にも、また捕食される草食獣の側にも、いずれにも感情移入することが可能である。喰われる側にまわったらたまらない。だけど人間も、喰われる側にまわらないなどとは決していえない。しかし同時に、空腹である肉食獣の気持も、雑食性であるわれわれには素直に伝わってくる。ひもじいライオンの仔たちの側に立てば、肉を食い散らかす喜びはよく分かる。

ここから多くの教訓をとりだすことは可能である。自然とは残酷なものだとか、われわれも生き物であるかぎり、やっていることは大して変わらないとか、あるいはまったく価値的・情動的な中立性を保って、自然はこうして循環しているのであり、それはそれで仕方がないことだとか、これらの言葉を導きだすことは容易なのである。そしてそれらは、もちろん幾分かは真実であるはずだ。しかしここであえて述べておきたいことは、この手の番組は、自然やいのちの尊さを示すという、ありきたりの表現で総括しうる映像ではとてもないということである。それは、おそらくは番組制作者の意図とは関わりなく、私たちが生物として生きているかぎり、どこかできわめて強い暴力性の主でもあり、また多様な仕方でそれに晒されていることを、分かりやすく露呈してしまうのである。

＊

生命のあり方を子供に見せるという意味で同種の事例ともおもわれるが、現在大学で教員をしている元小学校教師が行っていた、実験的ないのちの授業にも触れておきたい。それは、卒業時にみんなで「殺して」「料理し」「食べる」ことを前提に（それを約束として）、クラスでブタを飼うという試みであった。テレビの取材が入り、さまざまな仕方で繰り返して（卒業生のその後の追跡や、すでに大人になった彼ら彼女らの感想なども含め）放送されかつ映画化もされているので、この事例はよく知られているとおもわれる。われわれは生き物を食べて生きていること、そこで生きものを食べる以上、現実的にはそれを殺していること。こうした、実際には大抵はこの世において「隠されて」いる事情を、「教育」という「公的」な現場で明るみに晒すこの授業（と、それに継続的に取材に入っているマスコミ側）に対する評価もさまざまである。

この実験的な授業の結果は、誰にも予想できるものであった。六年生の卒業時に、愛着をもって育ててきたブタを殺さないでと子供たちは泣きだしてしまう。当然そこでいろいろな葛藤や議論が生じる。下級生に任せて自分たちは卒業してしまうのは、問題の先送りや無責任な放置にすぎないだろうという批判も提示される。結局、さしあたりは業者に引きとってもらうという顚末になったと記憶している。

＊

さらにもうひとつ、シーシェパードに関する件も忘却することはできない。クジラの調査捕鯨を巡り、日本の漁船団に「実力行使」を仕掛ける、このオーストラリアでの支持が高い（本拠地はアメリカにある）自然保護団体の話もあまりに有名である。一般的にこの種の自然保護が、漁業資源の乱獲に由来する自然生物種の絶滅危機に対する、人間の側からの反省として述べられるときには、大勢の人を納得させるだろう。あるいは彼らの主張する「知的な動物を苦しめて殺す日本の漁は許容できない」という、「殺し方」に対する主張にも、大抵の「日本人」は理解を示すとおもう。だが、肉食を主とするオーストラリア人が、ウシやブタは知能が低いので殺して食べてもいいが、イルカやクジラは知能が高いのでダメだといったり、日本の伝統的漁法自身がその点で野蛮であり、自分たちの価値観こそが絶対だと述べだしたりすると、そこには滑稽な論理矛盾や、彼ら自身の傲慢さが感じられはじめる。知能が高いというのは、ヨーロッパ的な基準での価値づけを押しつけているだけではないか。そこには東洋的価値観への、つまりは異なるものへの、彼らの根本的な蔑視が見てとれはしないか。

ここでは文化によって、特定の生物は殺して食べてよいが、別の生物は食べてはいけないという、規範性に関する問題群が現れているようにもおもえる。しかしイルカやクジラの例は、民族や地域ごとに食べるものが「違う」という類の話なのではなく（それは食べ物の入手がある時代まで強く環境性に拘束されていた以上、当然のことでもある）、むしろ食べることが殺すことでもあるという点にまつわる倫理性の設定に、つまりどこまでは殺すことが許容されるのかという主題に、深く関わっているともいえる。

2　何を食べるのか

松永自身が、「食べるのは動物・食べるのは生物」という表題を、『食を料理する』の冒頭のパラグラフに付しているように、食という問題を考える際に、食べる主体は動物としてのわれわれであり、食べられるものは基本的に生物であるという事実がある。穀物や野菜を食べているときは、強く自覚されないかもしれないが、そしてもちろん、必須ミネラル分や水についてはそうとはいい切れないが、いずれにせよわれわれは、他の生き物のいのちを奪って食べているし、食べるのをやめれば餓死してしまうよりほかはない。もちろん、松永が述べているように、人間はそこに「栽培」「牧畜」「保存」「流通」「料理」という、ほかの動物性には見いだしがたい（あるいは原初的な仕方でしか見いだされない）、強く文化性に関わる事態を付加している。これは文化に関する事柄である以上、いうまでもなく多様である。しかしどんなに多様であるにしても、人間はそれ自身動物であるかぎり、生物を食べないわけにはいかない。これは食にまつわる多様性の裏側にある、絶対に動かしがたい単一的な真実である。

そこで先ほど述べた、食と倫理とを巡る諸問題が発生する。残酷で無闇な殺戮を肯定する人間は、現在ではあまり存在しないだろう。戦争状態を除けば、殺戮に対する忌避が、ある程度の昔から、変わらず存在しつづけていたことも想像できる（生け贄が聖なる行為であったことは、逆に古代社会においても、殺戮が特殊な意味をもっていたことを示している）。しかし、人間が動物タンパク質をとらないことはありえない。生きていることは殺すことと折り重ならざるをえない。それが魚ならいいのか、ブタならいいのか、ウシならいいのか。そんなことをいってしまえば、ヴェジタリアンに対する常識的な揶揄ではあるが、植物だって葉をむしられれば泣いているのかもしれない。文化的な境界の多様性などはどうでもよく、さしあたり生きているものを食べるという一点のみが問題となる部分が、食の問題には含まれているのである。

だがこれは同時に、人間も動物だから、ほかの生き物を食べないわけにはいかないという、「免罪」の論理につながるだけではないか。しかし、問いは次のように継続できるはずだ。最初にあげたＮＨＫの番組では、ライオンは見る立場によって、悪役でもあり善役でもありうる。どちらの視点にも立つことができるが、しかしそこでどちらかの立場「だけ」に立つのは不可能に近い。いのちの授業の例では、動物を殺す場面が「公的」に不可視のものとさせられている現実に対して、われわれはそうやって生きていることを見させて考えさせている。この授業に対し賛否両論が寄せられるのは、これが一種の露悪趣味であるとか、本当にいのちの大切さを教えるものなのかとかいう以前に、それがそもそも、われわれ自身にとって解決しえない両義的な場面をかいま見せてしまうからではないか。そして最後の過激な自然保護団体の例では、その団体の論理自身の狡猾さが際だつ仕組みになっている。当の西洋人の団体は、特定のいのちの殺戮は否定する。だが、殺されるもののの知能が低いか高いか、殺す仕方に残虐性があるかどうかという価値基準など、まさに特定の文化的な枠組みから述べられるだけのものであるはずだ。そもそもいのちを食べることの倫理の根源問題を彼らは問わない。倫理の根底を問わずして倫理を押しつけるこうした主張そのものが、そもそも欺瞞的なものでしかないのではないか。

繰り返そう。食と生というテーマを捉える際に、食べることとは他のいのちを食べることである。そうして自分のいのちをつないでいることが看過されるならば、問題の圏域そのものが逸せられてしまう。もちろんそれが進化史的に人間に与えられた必然であるならば、自分の生を肯定する以上、他の生き物を殺すことは肯定されるべきである。どの民族がどの料理を食べるか、その忌避の多様性や系譜にまつわる研究はさまざまありうるだろう。だが実は文化とは、この究極的に肯定されるべき一点を「隠蔽」することから成り立っているのではないか。そうであるならば食を思考することは、この「隠蔽」の「力学」を捉えることを、ひとつの軸にしなければならないのではないか（くだんのいのちの授業の例は、この文化の「必然的隠蔽」を露骨に問うことが、はたして「教育」に該当するのかという、根源的な問いにつながっている。教育とは普通は、根源的なものを問わないようにひとを馴致する――いわば文化システムの成立を前提とした――作業でもあるからだ。ひとびとが通常感じる、この教師への違和感や、この授業そのものへの嫌悪感は、いわずもがなのことをいってスタンドプレーを演じる人物や事象に対して感じられるそれに類似しているだろう）。

3 食べることは何に似ているか

食べることは、エネルギー摂取の形態として、いのちを犠牲にすることを必然としている。食事において、動物としての人間は、他なるものの身体をエネルギーに化すことによって、自己のエネルギーを生みだすことを必ず含んでしまう。

ここで身体という言葉がでてくることに留意しておきたい。人間が身体をもたない意識的な存在者であるならば、もちろん食べる必要などはない。松永がいたるところで強調するように、西洋哲学が意識と理性というあり方に拘って、日常的に振る舞い、ひとと交わりつづける「行為の身体」を忘却しがちであるのなら、当然食べることも哲学の考察からは捨て去られる傾向にあるだろう。だが身体とその振る舞いとを、生きていることの根幹に設定するならば、こうしたエネルギー摂取のあり方に依拠しつつ、それにまつわるかぎりでさまざまな操作（調理、保存、社会的儀礼としてのシステム形成）を思考することは、これも必然性をもつはずである。

こうした食べるという行為は、他のさまざまな人間的行為とパラレルに捉えられる場面をもっている。言語と性行為とが、とりあえずは言及されざるをえないだろう。

食べることと言語の関係は、かなり根深いものがある。両者とも、身体器官としての口が中心的な役割を演じている。口は呼吸するものであり、食物を摂取する部位である。だが言語の起源が音声的なものであるかぎり、食にまつわるさまざまな人間的仕組みと、言語に関するさまざまな事態には、ある種の平行性が自然に想定されてしまう。口唇的な器官と言語的な水準の連続性は、食と言語を文化的な分節性において把捉するさまざまな仕方にも反映されている（レヴィ＝ストロースと精神分析とをその事例としてあげることができる）[1]。

もちろん差異はある。松永が、自身の専門領域のひとつである感覚論と関連させて論じるように、食については「味」とその「差異」という事態が根幹的である。味とは典型的に「触覚的」なものであり、まさに口に含んで舌で玩味することが前提になる。接触を伴わない食事はありえないし、極限的な飢餓状態でない以上、美味しい、不味い、好みである、自分に合う合わないという価値判断は必ず含まれる。さらにそこでは、味と複合的に、形態や堅さ、色づけやとり合わせなど種々の文脈が喚起される。そしてさらに重要なエレメントなのは匂いであるが、これもまた、触覚的なものときわめて親和性の高い感覚であり、その嗜好や忌避感はまさに身体感覚的な直接性を軸とせざるをえないものである（こうした直接性ゆえ、それらは、主体の思考や選択によっては、ある意味ではどうすることもできない情動に近いものがある）。

これに対して、言語は基本的に音声であり、遠くに向かって、離れたところへ、それ自身として作用するものである。それはまさに「音」であり、「音」がさらに「書字」に移行することによって、「音」の「現在的直接性」からも離れた、「時間的な遠さ」への展開さえ可能になっている（デリダがいうように、むしろそうした時空的に「距離をとること」が、記号であることの特徴を形成するともいえる）。

「食」は、文化的なコードや習慣性、とりわけ調理の方法の習得や伝達を含むかぎり、こうした言語システムに折り重なる部分を含む。とはいえ食においては、それが備えている決定的な直接性が、いいかえればその場かぎりでの身体に密着した「享受」こそがやはり基本である（松永は直接性に関するこの問題を、定期的な栄養補給が必要であること、それゆえ保存や食事の時間の規定が求められること、それ自身が文化につながること、これらによって思考するが、それは食が、どうあっても直接性から逃れられないことを示しているようにみえる。食事は身体にとって、なかばその直接性ゆえに、ずっとなしつづけないわけにはいかない行為なのである）。

同時にそれは、性行為とも色濃く関係してしまう。性行為は直接的な身体接触を基本にするものであり、身体に触れることなくしては成立できない（幻想的な領野が人間においていかに大きいとしても、この段階を消去できない）。性行為はまさに「他者」の「身体」を味わい、他者の「生」に関わるものである（さらに他者の「生」を産みだす「生殖」につながるという、重大で広域的な射程をもった論点もあるが、これは直後に少し触れるだけにとどめざるをえない）。食べることが、他者の生命を食べることであること、性行為がまずは他者の身体を味わい享受することであることは、この両者の領域の平行性を想定するときに、きわめて根幹的な事情ではないか。

さらに、食べなければ生きられないのと同様に、他の身体に性行為をなさなければ、人間が世代として生きつづけることができない点も指摘されるべきである。もちろん、食べるという選択肢を人間は拒絶することもできるが（以下で参照する雑賀恵子の本で引用されている、カフカの描く「断食芸人」

や、あるいは即身成仏などの事例)、それは常識的にいえば速やかに死を選ぶことでしかなく、なおかつあまりの苦痛を伴うために通常はとてもなしえない行為である。性行為を拒絶することはできるが(食べないよりはるかに容易であるが)、誰もがそれをやると社会集団は緩やかに消滅してしまう。タイムスパンは異なるが、それらは同じ効果をもっている。両者は、他者のいのちとそのやりとりにことさらに触れているという点で、きわめて類似的なのである。

食と言語と性について、次のようにまとめることができるのではないか。それらはともに、自然の身体とその進化的な形成を基盤として採用しながら、そこに自然と文化という差異をもうけ、人為的なシステムを紡いでいく境界線のような役割を果たしている。それはこの三者が、身体性とそこでの生の直接性をそもそもの起源としながら、同時にそこからどれだけ距離をとるかによって自己を形成するシステムであることにとりわけ関わっている。そして生きているいのちにダイレクトに結びつく食と性行為は、それが欠落すると生命体そのものが消滅する。言語は逆に、身体から相当の距離をとるものでもある。そこでの他者は、あくまでも「コミュニケーションの他者」である。だが食と性の他者は、「直接的接触性」の他者である。それが、あれこれの文化的コードの前提をなしており、コミュニケーションの可能性の条件をなしている。

もちろん人間にとって、それらのいずれが本質的かを問うことなどほとんど意味がない。政治的・社会的・歴史的な観点に立つならば、言語の方が根幹的であり、それが食や性のコード化を支えている事実こそが着目されるべきであるに違いない。しかし政治的・社会的・歴史的な観点は、身体の直接性（直接存在とその情動的生）が欠落すれば、それ自身が存在することさえありえない。

4　公と私

これらに関連する問題をもうひとつあげておこう。そのことは、この論考の最初の事例でいえば、第一の例と第二の例に強く結びつくかもしれない。それは、食べることが「公的」な行為か「私的」な行為かということでもある。

言葉が食や性行為と異なっているのは、それが他者に対し、接触をもたないかたちで展開されることにあると述べた。これをさらに敷衍するならば、言語は、身体からの距離をもつかぎりで、（空間的にも時間的・時代的にも）遠き他者に話しかけ、「公的」なもの、つまり社会や公共性を可能にするものであるといえる。それはそれ自身として外に向けて自らを明らかにするという本性を備えてしまう。

それに対して、食と性行為の身体への近接性は、それらが他者の生命に深く関わるものでありながら、それ自身を公にしないということに連関しているようにおもわれる。もちろん食事は公のものではないかと述べうるかもしれない。松永も論じているように、食事は確かに儀礼的なものを含んでいる（『食を料理する』一八五頁など）。

しかしあえて主張しておきたいが、食事は「家族」や画定された共同体で、内密に行われることがほとんどである。外食という事例があっても、あくまでも家族ごとの、あるいは何らかの仲間や集団の単位で執り行われることが通例であるはずだ（テーブルであるとか個室であるとかの空間的配置がそれを決定づける）。電車のなかで平気で食事をする若者が批判されたことがあるが、それはやはり食事が、しかるべき「囲い込み」の内部においてなされるべきという合意を前提としているからだともいえる。

この場合、「家族」とは、直ちに公であるとはいい難く、公と私とのはざまに現出するものである（社会学なら「親密圏」と呼ぶものである）。自分の家族の食事の光景は、普通公共には見せない。カップルで「食事にいく」のは、もちろんレストランその他の公的な場にいくとしても、それが疑似家族的な振る舞いであることに意味がある。そこでは実際にも、お互いの「家庭の事情」が露呈してしまう。家族ごとに味つけの好みがある。関西と関東の出汁のとり方や、各地の雑煮のように明確に地域化できる事例もあるが、もっと微細な差異が、味にも食に伴う振る舞いにも種々存在する。そしてカップルがひとつの家をもったときに、だいたいそのすりあわせは最大の争点になる。

それが何故かを考えるならば、味や匂いにまつわる事態が、きわめて身体に直接的に接触するプライベートな事態であるからではないか。そこでは、自分の習慣が正しいに決まっているという無前提的な確信を、おそらく誰もがもっている。それはまさに私的な事柄であって、公的に評価されるべきものではないのである（それゆえ味は、カップルの作る親密圏のテーマそのものになる）。

だが他方で食事には、こうした私的な側面を原則にすると同時に、すでに述べたような、直接的に公ではない他者へのつながりが織り込まれてもいる。それは、食が生きるものを食べるという前提に関わっている。

先に述べたのは、各家族の習慣の差異を例にした、その内密的な性格であった。そこでは何を食べていいのかは、もちろんおおまかに歴史的地理的環境的に規定されている。とはいえ、いのちを食べているという事実、他のいのちを味わうという事実はまさに「生々しい」。いいかえれば、その「生々しさ」を分かちあうのが、最小単位共同性としてのカップルや家族の「親密性」の意味ではないか（そして家族が循環し、再生産されることにより、その「内密」そのものが引き継がれる）。

これも、ほとんど性行為とパラレルな事態であるといえる。性行為は、家族やカップルという疑似家族において「内密に」なされるべきものであり、それが公の場面に出されるときは、必ず忌避性と、ある種の規範コード化（どこまで暴いていいのか）が、いかなる文化であってもある程度は明確に設定されている。食と性を比較するならば、もちろん公に晒すことの忌避性の度合いは、相当に程度を異にするともいえる。だが、この両者が、内密的な直接性を他者との関わりのなかでもち、そのかぎりで他に明らかにすることから自身を隠蔽する性格を共有することは確かである。あるいはそれを露出したときに、きわめて強く倫理規範を破るような事態が引き起こされてしまう。食事であれば、饗宴的な食の過剰、飽食と過度の享楽は、放埓な性と同様に、どんな時代であれ、倫理的に諌められる部分を備えている。そして孤食がどこか寂しげで違和感をもたれることと、自慰行為への倫理的な反感との結びつきとは、これも「親密な」共同性のなかで行われるべき事例が、公とは逆のヴェクトルに極限化することにおいて、断罪される位相をもってしまうからではないか。食も性も、親密圏でなされるべきことであり、徒に公にでることも、私に籠もることも、ともに後ろめたさを引きずる、そうした行為なのではないか。

再度まとめるが、この二者は、「公」と「私」とのあいだで中間的な位置を保っている。それは、身体的な生が存在する以上、前提とせざるをえない身体的な直接性を備えた他者との関係性だからである。さらにそれは特定の他者（親密圏の家族・カップル）とともに行われるという点で、他の生と関わりながら、そこでなされることを「公」にはせず隠蔽するというシステムをもっている。身体的な接触感やそこで得られる快楽は、特定ではない他者に晒すことがためらわれ、また一人でなされることも回避される。親密な共同体とは、まさに「秘密」を共有することにおいて、「私」を分かちもつ集団なのである。

だから「隠す」というのは、ここで本質的な要件を構成する。こうした行為は、逆に誰もが知っていながら隠す、そうしたものである。何がなされているかは、「公」においてももちろん大抵は想像がつく。しかしそれがゆえに、隠蔽という力学が発動される。

冒頭の事例としてあげた、ＮＨＫの番組やいのちの授業への違和感は、「子供の教育」という「公」の領域に関わりながらも、「隠すべき」ものを明らかにしてしまう点に、その源泉があるともいえるだろう。われわれが生き物を殺して食べることは、あまりに自明であると同時に、誰もが隠蔽していることでもある。だから、「公」に関わる教育では、それを言葉にすると、自らの前提への自己侵犯を行うかのような、居心地の悪さが発生してくる（こういえば、いのちの授業の「ぎこちなさ」は「性教育」の「ぎこちなさに」も類似している。もちろんそこでは「ぎこちなさ」が批判されるべきなのではなく、それはどうしようもないということを確認するのが倫理的であるとおもう）。

こうした揺れやためらいは、それ自身は文化の多様性を許容し、あるいは逆にそれを保証するものであるといえる。しかしそうした揺れやためらいが発生する「領域」は、まったくもって普遍的であり、単一的な構造をなしているのではないか。食が、自然と文化の境界にあるということは事実としても、そうした境界において、食が備える「隠すこと」の必然性は、人間的な文化の設定の根幹に関わるともおもえる。

さらに人間は、隠すことと隠さないことの狭間を、その「拠点しての家」という「空間的境界」において、環境性のなかで画定してしまう。それは、食物の確保や養育のための「巣」に類似してはいるが、しかし親密空間の規定においては、何かを「隠す」という意義の方がより重要なはずである。空間の画定は、生態系的な自然と結びつきそこで養われる身体を、しかし自然から切り離し、他の動物や、他の人間に対し、見えない場所を確保させるものである。それは「実利的」な事柄というよりも、身体そのもののもつ「内密性」の意味に依拠したことではないか。

では、身体がもっている自然との連続性のなかで、あることを「隠す」という行為が発生するのはどうしてなのか、誰もが行っていることを「公」に見せないということが、「家」のような空間的根拠をもって成立するのは何故なのか、これらが問われるに違いない。それは、「食」に関する「忌避」の発生へと差し向けられる問いである。

5 カニバリズム

極端な事例とおもわれるかもしれないが、食べてよいものといけないものとの問題は、自己と同類のものを食べてよいのかという問いに、一面では集約されうるのではないか。ここでとりあげたいのは、カニバリズム（食人）という主題であり、広くいえば同類を殺して食することの「罪」というテーマである。

人間が人間を喰うことに関する問題は、食に関する「忌避」や、生けるものを殺して食べることの是非を巡るあれやこれやの倫理的問いの、極限的な焦点になるとおもわれる（少し議論が逸れるが、この点では、食と性行為とがまったく対照的なあり方をなしてしまうこと、つまりそれらのヴェクトルの差別化がなされることにも気を配るべきである。食においては同類を食べることは忌避される。ところが性行為においては、動物との性行為は、古代から原初的な罪に措定されるものである。とはいえまた、おそらく上述の事態に重なって、近親相姦忌避という文化コードも設定され、それが家族システムを構成する源泉としても描かれることにも留意する必要がある)。

雑賀恵子の『エコ・ロゴス』(人文書院、二〇〇八年)は、その核心にカニバリズムの議論をもってくる。

共食いが何故いけないのかについて、雑賀は、プリオン問題に関する福岡伸一の文章をとりあげている。[2] これが科学論として正当かどうかは私には判断できないが、共食いが生物学的な水準で混乱を引き起こすという主張には、妙に納得させられる点もある。生き物が他の生き物からタンパク質を摂取する際には、それを一度まったく解体して、自分の組織の中に組み込む必要がある。ところが自分の同類、自分の同種の生き物を食べてしまうと、それらは微妙に類似しているために、奇妙にシンクロした干渉を起こしてしまうというのである。まったく異なった種の生き物であれば全部解体すればいいのに、同種であれば同じものという情報を数多く共有してしまうので、むしろ差異化される部分が強調され、ある種の情報攪乱が発生するとされるのである。

肉骨粉を食べさせられた(基本的に肉は食べないはずの)ウシにおけるBSEの発生に関するこの議論(自己情報の混乱に、その核心はあるとおもう)の当否はおくとしても、同種のものを「食べてはいけない」という忌避的情動は、果たしてどこから発生するのか。

この問いは、生物学的な同類性はどこまで該当するのかという問いかけにもつながっていく。何が「同種」の生き物なのか。「同じ」とされるものは何なのか。とりわけそこから、倫理に向かう主題は、どう現れるのか。

この議論は、生物を食べるためにやむをえず「殺す」こと（それ自身はなされざるをえないこと）の「限界例」に関わっている。それゆえこの議論は、この論考の最初にとりあげた事例のなかでは、第三の事例に深く結びついているようにもみえる（知的な哺乳類を殺すのは罪か否か）。しかしこの問い自身は、第一の事例や第二の事例にもつながっている。つまり、生物を食べるという自明なことを隠すという、人間の生の原理としかいえない事柄の発生にも（極端な事例によりものを考えさせるという方向から）連関するのである。

雑賀は、武田泰淳の『ひかりごけ』や、大岡昇平の『野火』『俘虜記』という文学作品を検討の材料としている。前者は、第五清進丸事件という、飢餓状態の難破船における食人の事例をとりあげて、そこで生き残って食人をなしたとされる船長の裁判記述を中心に展開される。大岡の小説はいうまでもなく、戦争状態、それもジャングルでの敗走という状況における飢餓と食人を扱ったものである。この二例は、死ぬか生きるかという極限的で閉塞的な場面に置かれたときに、人が人の肉を食べるのは許されるのかどうかを焦点とするものである。

しかし具体的にいえば、これらの事例には、殺すことと食べることという、微妙にズレた問題系が重なりあってしまっている。雑賀は慎重にこの問題を整理する。問われているのは「食人」なのか「殺人」なのか。殺したのか、殺したが食べなかったのか、目の前で自然死や事故死した人間を仕方がなく食べたのか。一体どこに罪があるのか。

雑賀は『ひかりごけ』を、このような方向において腑分けしつつ論じながら、殺人についての刑法は存在するが、食人についての刑法は存在しない点を強調して記述していく。それゆえ、遭難死した人間を食べたかどうかそれ自身は、刑法的には問えないというのである。それは法の外部にある問いだというのである。

「ともかく、人間存在の昏《くら》く根源的なところを揺さぶるおぞましさを、人間理性は、徹底的に退け、あるいは明るみのなかに引きずり出して馴化しようとしてきた。したがって、殺人は、刑法の体系のなかに属するが、食人の罪状は刑法には存在しない。自然―動物と、言語を持つ人間との間には、深い淵があり、人間は特権化されるべきものであるからである。つまり、食物と生物を、われわれは言語の上で、分別しているので、罪刑法定主義かつ言文主義の実定法体系のなかでは、人間を食べることの是非は排除される。」（雑賀『エコ・ロゴス』五八頁）。

動物と人間との境界線を巡り、その逆説的な関係性の設定によって、法の発生を思考しているアガンベンの議論[3]との重なりあいも想定できるこの文章が、法という「言語的」な規範もまた、「食べる」という自然の「隠蔽」によって成立する事情を引き立てていることは見逃しえない。食人はもちろん死体損壊罪、死体遺棄罪として罪に問えるが、食人それ自身は罪には入らない。言葉＝法の水準だけで捉えると、何故ひとは深くカニバリズムを拒絶するのかが、よく分からないのである。

さらに雑賀は、武田が大岡の文章に、「痞に触った」かのような感情的批判をなしていることも、興味深い点として描いている。大岡が、自分自身は戦争状態でも食人などしなかった、そんなことは大変なことだとあっさり述べてしまうことに対し、武田が批判的に嚙みついているというのである。その反感の内容を、武田になりかわって、雑賀はこうまとめる。

「……大岡は、言語―意味を手放さず、したがって言語によってのみ成立する法―禁止に疑いを差し挟むことなく、行為を意識―意志によって遂行している、そしてそれが「私（＝田村）」の踏みとどまり得た倫理であり、その倫理の裏打ちに突如（西欧的な）神を提出し、「私」が倫理を遂行し得たことによって、業《カルマ》を業《カルマ》のまま凝視し担うことから逃避し、他者の根源的な痛みを告発している、人間の業《カルマ》に対して、言語の優位を保っている。」（前掲書八九頁）

しかし雑賀はさらに、そう述べる武田でさえも、その小説の記述において、こうした「言語の優位」から逃れられていないと主張する。武田の『ひかりごけ』は、小説のテーマを殺人に定め、食人そのものの罪の問いを弱めてしまう。同時にこの（食べられた）少年をことさら「美少年」に描き、そこに性愛的要素を混入してしまう（あの肉は食べたいという議論になってしまうとされる）。それでは、食べることが担うやむをえない業は、問いきれないのではというのである。それは、「殺人」という「意味」にとって外部の問いであるはずだと、こう雑賀は述べたいのではないか。

私はこうした雑賀の主張に、つまり、生けるものを食べるという事態を人間的な「意味の側に」

回収してよいのかという疑義には賛成であるが、その前の部分で雑賀が、食を分かちあうことのコンパッション（共―受苦）を述べることに対して、そうしたコンパッションを、そこから言語的＝法が立ち上がる生命的な地点として示せないのかとさらに問うことを試みてみたい。生に関する根源的な主題を、意味の側に回収すること（アガンベン的な表現でいえば、倫理を「法廷的」なシステムだけから理解すること）への批判には全面的に賛同するのだが、それが人間的な「倫理」に関わるかぎり、むしろ言語＝法が生命の領域を、「それには関わらない」という仕方で「隠蔽しつつ関わっていく」構造を検討すべきではないかと述べてみたい。それは語ることの前提をなすが、語らなくてもよいこと、語ってしまうとあざといことを形成するのではないか。

6　どこまでが同種のものなのか

少し視点を変えてみる。大岡や武田が、食人にかくもこだわっていたのは何故であろうか。それは逆にいえば、一昔前の飢餓状態、そして（もちろん現在も世界中に存在している戦争状態）のなかで、食人はむしろ「ありふれた」事態でもあったということはないのだろうか。それゆえ彼らはそれをことさら問題視して見せる（あるいは大岡がそうであるように、いかにもキリスト教的な神や倫理を持ちだし、自分はそこからすぐさま身を遠ざけようとする）ということはないか。

あるいはカニバリズムを拡張して考えてみる。いちばん最初に述べたように、そして松永もそこから議論をはじめるように、そもそも生物は、生物を食べることによってしか生存しえない。カニバリズムは極限に近い例だとしても、そもそも生物が生物を摑まえ、調理し食べること自身が、どのような自然史的な契機を辿ったかは別にせよ、基本的にはカニバリズムと類似のことをなしているともいえる。

そうであるならば、カニバリズムはもとより文化や言語、そして法だけの問題ではそもそもありえない。当然倫理や文化にとって重大な線引きの問題はあり（何は食べてよいのか、何はだめなのか）、それに宗教的・民族的な意味が付着することは真実だろう。しかし、食べるということが必ずカニバリズム性の片鱗を備えるならば、カニバリズムは文化の問題ではないのである。文化の問題はむしろ、カニバリズムという「事実」を「隠蔽する」装置のあとで見いだされるべきである（「境界の画定」は、すでに成立した個々の文化の内部でしか論じられない）。では、必ずカニバリズム的であるのにそれを「隠蔽する」という力学が発動されるならば、それは何によってであるのか。

この問題は、きわめて当然のことながら、何を「同類」と見なすかという問いに関わっている。そこで生命のなかにおける言語という論点が現れてくるはずである。

ひどく一般的にいえば、「同じもの」を形成するのは言語の働きにほかなるまい。生物の世界だけを考えれば、そこに厳密な意味での「同じ」という事態をとりだすのはかなり困難である。生物的に何が同じかは、細胞レベル、エネルギー代謝レベルにまで還元すると、さっぱり訳が分からなくなるからだ。翻って、自己という「意識」は同一性の模範のような役割を演じるだろう。このあいだに横たわる広大なる領域を、「同じ」ということの発生において捉えるには、さまざま程度がありうる。

根底的には「いのち」という漠然としたものを「ひとつ」として見いだす視線も実在するはずだ。それは部分的には肯定されるべきだが、そうであれば、すべてがカニバリズムになってしまう。そこで、哺乳類、人間に近い生、所謂異民族、同一民族のなかでも共同体の外、そして最終的には自己と他者という、逆の究極的な極限も階層的に提示されうるようにおもえる。カニバリズムのゼロ点は、何も食べないということであり（他なるもののいのちは食べないという実際には自死にしかならない倫理）、飽和点は自食＝自死のみの忌避（自分を殺すことしないだけの、形式的で内容空虚な倫理）である。しかし実際には、「すべてのいのち」と「自分のみ」の段階のどこかに身を置かざるをえず、そこで必然的に言語が関与する「隠蔽」の構造が働き、「倫理」の具体相はそれに依存する（あるいはそこで親密圏が生じ、共同性の可能性がとりだされる）。

生物の発生の段階で、言語は人間においてしか明確に見いだせないとしても、群れ・家族・親子という「同族」の区分はどの生き物にも多少はあり、それらのなかで生物的な秩序性が存在する。そうであるならば、何かの「群れ」が「他」に対して「同じ」であるというセグレゲーションが働くときに、原初的な同一化の作用はつねにはじまっており、始原の言語的なものが生命のなかで機能していると考えるべきではないか。明確な言語の分節は、こうした自然の分節に覆い被さるように、しかしそれ自身は食や性といった身体的直接性とは異なった遠さに向けて、言語固有の「排除」（生命的領域の「遺棄」）を発動し、厳密な同一性を確保するだろう。そして、身体的な自然の直接性から離れることによって、自然ならざる「罪」（それは生命的「内在」からの「超越」の契機である）が発生し、人間のアルカイックな社会において、「忌避」として定式化されるのではないか（それが「法」の前提なのではないか）。こうしたシステムは、カニバリズムのゼロ点（すべての「いのち」の食の忌避）から無限点（何があっても自己だけは生きつづける）のなかの中間点を明示するものとして、さまざまな形態をとる諸々の文化規範が、それ自身の支えとしている単一的な根をなしているのではないか。

7　ミクロロジーとしての食の倫理学へ

それゆえ食の話は、まずもって倫理学の形成＝罪の発生論として描かれるべきであり、そうした倫理そのものが、ほぼ等価的に食の存在論として明示されるべきだというのが、さしあたり私の主張したい点である。食の場面は、「忌避」がもっとも身体的な境界において発生し、それ自身の根源を問うことが普通は人間にはできないという仕方で（まったく食べないことは誰にもできないのだから）、倫理性に関する普遍性の原則を設定するものといえるのではないか。そしてそれは、国家的な大罪や大規模な殺戮といった、ある意味ではじめから超越的で大がかりな「罪」の措定の前段階として、より生と身体に密着し、その範囲内で語られ、そこで「内密」に「語られない位相」を生みだすような、「他なるものとの倫理」の一形態として捉えられうるのではないか。このことは、食の議論において（また食とともに語られるべき感覚論についても）、その核心に置かれうるようにもおもわれる。それが、松永の書物に触発を受けての、この論考の結論である。

さて、翻って松永の論考に戻るならば、松永自身はこうした、いわば「大上段」の結論をほぼまったく求めないし、好みもしないことは想像に難くない。日常の秩序の成立に関する経験論的な叙述と、そこでの感覚論を主軸とする分類にあくまでも信頼を置く松永の記述において、私が論じたような食と他の生命にかかわる問題系や罪の発生という事象そのものが、重要な位置を占めることはないだろう。松永が他者をこの書物で論じるときも、それはあくまでも食物の調達や保全や管理としての「ともに働く」かぎりでの他者（『食を料理する』五二頁など）であり、あるいは食事をとる仲間としての、「すでに成立した社会のなか」での他者である。そこでは、私の上述のような主張は、日常とそこでの感覚や知覚の形成と分類に繊細に焦点を定めた議論にとっては、きわめて目の粗いはぐらかしの類にも映るかもしれない。

しかし私は、案外そうではない部分もあるのではないかとおもっている。何故なら、松永の思考は、つねに「生命」から発して「社会」に向かい、大文字の他者や自我を無造作に設定してきた哲学の系譜を批判しながら、身体の行為性に視線を定位し地図を描きつづけるものだからである。再三述べているが、この松永の書物も、生物は生物を食べる（殺す）という、われわれが身体であるかぎりは避けえない根本原則を提示することからはじめられている。そして松永がいつも気を配るのは、生命として、生態系として、この世界のなかに存在するわたしたちの姿なのである。

それゆえ上述の、食の倫理の発生に関する粗雑な議論も、それが身体性の表面にたたみ込まれた倫理としてあり、最初に挙げたいくつかの事例に見られるように、われわれの日常のそこかしこに、しかしそれ自身問い詰められることは避けられるかたちでかいま見られるならば、そのミクロロジーのような描出は、松永とは違ったかたちで、しかし松永の議論ともクロスする仕方で、一種の地図を描くこととして成立しうるのではないか。味わう、食べる、生きる。ここに「他者としての自然」が絡まないわけはない。そして、「他者としての自然」が食にまつわって皮膚感覚のような「忌避」を発動させるかぎり、そこに倫理の微細な設定がかぎ分けられないはずもない。あくまでも日常の現場に拘りながら、しかしそこで日常の自己の範囲を超える向こう側の世界とつながっていく一点を見てとること、これが松永の思考をさらに紡ぐためにも必要ではないか。

本稿がそのためのひとつの素描になりえていることを切に望む。

註

1　食事と言語との重なりあいについてはレヴィ＝ストロースを、食べることと言葉との関連については精神分析の諸議論を参照するべきである。レヴィ＝ストロース的な記述も、精神分析の諸議論も、自然的身体からの文化の発生を論じる点では連関しているし、また二十世紀思想が、こうした「発生」の自然的位相に深く関わりながら展開されてきたことは十分に留意されるべきである。松永はあくまでも近代的な経験論の議論に依拠し、超越論的な色彩のあるこの種の議論をほとんど参照しないのだが、しかし私は、それらを対立的に配置するというよりも、ある種の近さのなかで捉えなおしてみる方途もあるのではないかと考える。

2　雑賀が参照するのは、福岡伸一『もう牛を食べても安心か』（文春新書）である。ここの文章は、私自身が雑賀の記述をかなりパラフレーズしていることをお断りしておく。

3　アガンベンについては『ホモ・サケル』（以文社）、『アウシュヴィッツの残りのもの』（月曜社）を参照のこと。アガンベンは、フーコー的な生権力論を拡張しながら、むしろ法的なものや文化的なものの生成を深く問うていく。バタイユ的な遺棄された身体やそこでの聖性という、文化にとって思考せざるをえない事態について、フーコーがおこなったある種の脱-超越化の先を、アガンベンは再焦点化しているようにおもえる。

結

村瀬　鋼

思い出話をすることをお許しいただきたい。

私が松永澄夫先生に初めてお会いしたのは、私が東京大学の哲学科に進学した二〇歳の四月、進学者全員と教員陣との最初の顔合わせのときであった。お会いした、と言ってもただお顔を拝見したばかりである。先生は九州大学から転任された最初の年で、いま考えると少し緊張されてもいたのか、大学院生が大先生方のなかに混じって座っているような、生真面目そうな硬い表情をなさっていたのが印象に残っている。

その後、きわめて不真面目かつ不出来な学生であった私は、先生の授業にもろくに出ないまま、二年延長した四年間の怠惰な哲学科学生時代を過ごした。たまに先生の授業に身を運んではみても、学生の間ではすぐに有名になったあの早口に圧倒されて、質問をするのは愚か、話の筋を追うだけのことにも難渋し、欠席がちになるのが常であった。

そんなこんなで、私が松永先生と初めて言葉らしい言葉を交わしたのは、たぶん、卒業論文の口頭試問の場であったかと思う（私は留年一年目に一度卒論を出したが諸事情により引っ込め、留年二年目にもう一度提出して漸く卒業した）。そのとき、私のどう考えても出来の悪い論文を実に丁寧に読んで下さっていて、評価すべき点を見つけて下さっていた、そのことにとても驚かされ、また励まされたのを憶えている。

初めて個人的にお話ししたときのことは繰り返し思い出す。それは学部の卒業式の日、薄暗い哲学研究室で、卒業証書授与の儀式（思い返せば、証書を授与して下さったのは、当時学科長でいらした故・渡邊二郎先生であった）の後、略式のお祝いということでビールなども少し出て、そのまま研究室で歓談のときがもたれ、大学院進学が決まっていた私は、指導教官に予定されていた松永先生の隣にかなり緊張して座っていた。そのとき、話の文脈はもはや定かではないが先生がこんなことを仰った。「真理の探求だとか言うけど、本当は、子供をつくったり家族を養ったりして普通に生活していくことの方がはるかに大事なんだよね」と。真理の探求だとかいうことに結構思い入れのある青二才であった私は、「そうですか？」と何か鼻白んだような反応をお返ししたのだが、先生は取り合わずに、ハハハと笑って応対されたと記憶している。

思えばそれからもう相当な年月が経った。いまや当時の先生のお歳を越している草臥れた中年の私は、いまだ青臭いながらも、先生の仰っていたことの意味が身に染みてわかるような気がしている。その二十年あまりの間、先生には本当にいろいろお世話になり、私が授業に精勤するようになったのは勿論のこと、研究面以外のことに関しても、食事をご馳走になったり、お宅に招いていただいたり、一緒に小旅行をしたり、結婚式ではスピーチをお願いしたりと、実にさまざまなことがあった。

しかし、私は告白するのだが、そのなかで私は、先生と本当にうまく会話できたためしが一度もない。もともと寡黙さには自信のある方（？）でもあるのだが、いつも清々しく幾つになっても若々しい先生のお顔を前にすると、私はいつも何か少年のようにはにかんでしまうのである。恐らくそれは、優しさそのもののようなそのご表情を通して、先生のなかに、私たちには決して触れることができない何か、先生ご自身の生きることへの決意と一つであるような繊細でいて厳しい何かを、無意識のうちに感じ取ってしまうからなのかもしれない。

それでも私は、授業での先生のお話しと、先生の書かれたものとに、その内容ばかりではなくその話しぶりと語り口とを含めて、影響されるという以前に深い感銘を受けてきた。またそんななかでも、たんなる言葉以上の先生の佇まいとでも言えるようなものがあって、私はそれに、哲学とは何であり哲学者とは何であるのか、そのことを教えられてきたように思う。そして私は、或る意味で口頭ではうまく言えないだけになおさら、自分自身の書くものを通じて、受け取り切れないような仕方で受け取ったものに対する、明らかに取るに足りない応答を、それでも何がしか試みてもきた。

*

いまふと思い出すことがある。かつて松永先生と一緒に研究室にいらした先生方のうち、ごく最近、渡邊先生と坂部恵先生が相次いで亡くなられたが、かつて黒田亘先生が逝去された際、松永先生の授業の始めに、短い瞑目の時間が持たれた。少し遅刻して教室に入った私は大変バツの悪い思いをしたのだが、そのときこっそりと拝見した先生の瞑目されたお顔、深く思いを込めるような厳しい面差しは、私がこれまでに誰の表情にも見たことのないものだった。生きることと死ぬこと、それが哲学にとって大事なことだという当たり前のことを、私はそのとき初めて朧気に実感したのかもしれない。

＊

自分たちの進んだ専門の研究室に松永先生という一人の先生がいらしたことは、私たちにとってとても幸福なことだったと思う。先生はフランス哲学について深いと言うのも愚かなほど深い知識と理解をお持ちなのだが、それ以上に、フランス哲学のおそらく最も良い意味でフランス的な部分を、学ぶとではなくむしろご自身の深い部分と引き寄せる仕方で体現されている方だと私は思う。また哲学者研究にも哲学史研究にも、勿論のこと深く関わりながらも淫せず、自らの言葉で自らの思考を誠実かつ精密に追っていくそのスタイルは、私たちの書くものや言うことを批評なさるときの的確さとともに、私たちをいつもより深い思考へと励ましながら促すものであったし、いまもそうありつづけている。少なくともこの私は先生が渡そうとして下さってきたもののごく一部をすら引き継ぐことができておらず、学恩、ということをもし言うならば、それに報いることからは程遠いのではある（本当に、「不肖の弟子」とは私のような者のことを言うのである）けれども、本書に収められた多くの諸論考には、松永哲学という希有な思考が広げていった多様な響きが、個性的なそれぞれのトーンを通じて確かに聴き取られるように思う。松永哲学を知らなかった読者が、これをきっかけに松永先生の著作を（これまでの、ばかりではなく、これからの著作をも含めて）一つでも実際に手に取って下さることを、執筆者の一人として切に願う。

いずれにせよ、私が勝手にそう言っても本書の他の執筆者たちはきっと同意してくれることと思うのだが、お世話になったあらゆることとは別に、また哲学の中身に関してありうる相違点や争違点も別のこととして、私たちはともかく松永先生が好きなのである。

＊

何か私事ばかりのはしたない後書きになってしまったようだが、私自身の論稿のなかで不十分ながら述べたような松永哲学の性格からすれば、松永論集の後書きとしては相応しくないこともない、そんな風にも思う。それを語ることが当人以外の誰にとっても殆ど意味を持たないような極めて私的な思い出を語ること、それは松永哲学の感触となぜかよく似ているのである。

＊

『哲学史を読む』両巻の後書きに、松永先生がミシェル・アンリに会いに行ったときの思い出話が披露されている。先生はアンリと一緒に食事をした後、夜のモンペリエの街をピンポン・ダッシュして（正確にはピンポンではなくドア・ノッカーだが）まわり、二人で笑い転げたという（先生は当時二十代半ばだったはずだが、アンリはもう五十をまわった頃である。たいしたものだと感心させられる）。「あのときの微かにそよいでいた空気を今も覚えている」。そういうことを何か大事なこととして覚えている、そういう人なのである、松永先生は。

*

最後になるが、松永先生の東京大学での最初の弟子にあたる鈴木泉氏には、残念ながら執筆はしていただけなかったものの、本書の企画段階で多大なご協力をいただいた。記して感謝申し上げる。また勁草書房の徳田慎一郎氏には大変お世話になった。仕事の遅い私たちに（弁解めいて言えば、自分の先生について書くということはやはり難儀なことなのである）辛抱強くおつきあい下さり、本書を幸福な刊行に導いて下さったこと、有難く、心からお礼申し上げたい。

そして、このささやかな論文集を、その人を措いて他に捧げるべき人はいない、私たちの松永澄夫先生に捧げる。

著者略歴（50音順，＊は編著者）

川﨑惣一（かわさきそういち）
1971年生まれ．北海道教育大学釧路校准教授．「メルロ＝ポンティにおける表現のパラドクス」（実存思想協会編『21世紀へのギリシア哲学』理想社），「道徳的行動の主たる要因としての共感について」（『北海道教育大学紀要　人文科学・社会科学編』第60巻第1号）ほか．

谷口薫（たにぐちかおる）
1970年生まれ．四国大学専任講師．「静的宗教と知性――知性・情動・良識」（哲学会編『フッサールとベルクソン　生誕150年』有斐閣），「女性を〈科学〉的に語ること――ミシュレに見る19世紀フランスの女性の表象」（『上智大学哲学科紀要』第30号）ほか．

檜垣立哉（ひがきたつや）＊
1964年生まれ．大阪大学教授．『賭博/偶然の哲学』（河出書房新社），『瞬間と永遠　ドゥルーズの時間論』（岩波書店　近刊）ほか．

村瀬鋼（むらせこう）＊
1965年生まれ．成城大学教授．「ルキエと開始の思考」（哲学会編『はじまり』有斐閣），「分離と接触――レヴィナスと身体的主体」（実存思想協会編『レヴィナスと実存思想』理想社）ほか．

村松正隆（むらまつまさたか）
1972年生まれ．北海道大学准教授．『現われとその秩序――メーヌ・ド・ビラン研究』（東信堂），『哲学の歴史6　知識・経験・啓蒙』（共著，中央公論新社）ほか．

山口裕之（やまぐちひろゆき）
1970年生まれ．徳島大学准教授．『人間科学の哲学――自由と創造性はどこへいくのか』（勁草書房），『認知哲学――心と脳のエピステモロジー』（新曜社）ほか．

松永澄夫著作目録

著　書

（単著）1　『知覚する私・理解する私』，1993 年（平成 5 年 7 月），勁草書房.
（単著）2　『食を料理する――哲学的考察――』，2003 年（平成 15 年 12 月），東信堂.
（単著）3　『言葉の力』，2005 年（平成 17 年 6 月），東信堂.
（単著）4　『音の経験――言葉はどのようにして可能となるのか――』，2006 年（平成 18 年 10 月），東信堂.
（単著）5　『哲学史を読む I』，2008 年（平成 20 年 6 月），東信堂.
（単著）6　『哲学史を読む II』，2008 年（平成 20 年 6 月），東信堂.
（編共著）7　『私というものの成立』，「序」「自分が書き込まれた地図を描く」「あとがき」，1999 年（平成 6 年 10 月），勁草書房.
（編共著）8　『環境――安全という価値は……』，「はしがき」「安全を求める人々の営み」，2005 年（平成 17 年 11 月），東信堂.
（編共著）9　『環境――設計の思想』，「はしがき」「環境に対する要求と設計の主体」，2007 年（平成 19 年 3 月），東信堂.
（編共著）10　『環境――文化と政策』，「はしがき」「眼差しを見せる――地域の孤立が許されない時代の自然・文化・政策」，2008 年（平成 20 年 3 月），東信堂.
（編共著）11　『言葉の働く場所』，「はしがき」「意味世界は価値世界である」，2008 年（平成 20 年 12 月），東信堂.
（編共著）12　『言葉は社会を動かすか』，「はしがき」「時代を表現する言葉と社会の変化」，2009 年（平成 21 年 12 月），東信堂.
（共編著）13　『哲学の歴史』（全 12 巻・別巻 1　編集委員），（第 6 巻　責任編集「＊総論」その他），2009 年（平成 19 年 6 月），中央公論新社.
（共編著）14　『フランス哲学・思想事典』，（＊18 世紀総論・＊19 世紀総論・項目多数），1999 年（平成 11 年 11 月），弘文堂.

(分担執筆) 15 「因果連関からみた行為の諸側面」, 1983年 (昭和58年4月), 勁草書房, 『行為の構造』, pp. 98-118.
(分担執筆) 16＊ 「大陸系哲学」, 1984年 (昭和59年8月), 有斐閣, 『テキストブック西洋哲学史』, pp. 125-152.
(分担執筆) 17 「死の観念に映された生の姿」, 1991年 (平成3年3月), 岩波書店『死』, pp. 255-328.
(分担執筆) 18 「哲学の覚醒」, 1997年 (平成9年5月), 東京大学出版会『文化としての20世紀』, pp. 63-100.

論　文

(単著) 19＊ 「メーヌ・ド・ビランの反省の概念について」, 1975年 (昭和50年3月), 理想社, 『理想』, 第502号, pp. 74-89.
(単著) 20＊ 「世界の私性格について」, 1975年 (昭和50年10月), 哲学会, 『哲学雑誌』, 第90巻・第762号, pp. 200-223.
(単著) 21 「知覚についての反省」, 1976年 (昭和51年5月), 関東学院大学, 『関東学院大学文学部紀要』, 第19号, pp. 237-279.
(単著) 22＊ 「デステュット・ド・トラシの観念学の理念」, 1977年 (昭和52年1月), 関東学院大学, 『関東学院大学文学部紀要』, 昭和51年度綜合コース特集号, pp. 59-83.
(単著) 23＊ 「メーヌ・ド・ビランと観念学の理念」, 1977年 (昭和52年3月), 関東学院大学, 『関東学院大学文学部紀要』, 第20号, pp. 57-67.
(単著) 24＊ 「ミシェル・アンリ著『マルクス』」, 1977年 (昭和52年5月), 関東学院大学, 『関東学院大学文学部紀要』, 第21号, pp. 117-150.
(単著) 25 「児童の成長及び教育と遊び」, 1977年 (昭和52年7月), 関東学院大学, 『関東学院大学文学部紀要』, 第22号, pp. 87-137.
(単著) 26＊ 「シャルル・ボネの立像のフィクション」, 1978年 (昭和53年3月), 関東学院大学, 『関東学院大学文学部紀要』, 第23号, pp. 79-107.
(単著) 27＊ 「二つの生命と二つの生命特性――ビシャの生命8想とその論理 (1)」, 1980年 (昭和55年3月), 九州大学教養部, 『テオリア』, 第23輯, pp. 111-167.
(単著) 28＊ 「二つの生命と二つの生命特性――ビシャの生命思想とその論理 (2)」, 1980年 (昭和55年12月), 九州大学教養部, 『テオリア』, 第

24輯，pp. 89–149.
（単著）29 「個体について」，1980年（昭和55年10月），哲学会，『哲学雑誌』，第96巻・第768号，pp. 41–64.
（単著）30＊ 「メーヌド・ビランの思想に於ける原因概念の位置について」，1983年（昭和58年9月），九州大学教養部，『テオリア』，第26輯，pp. 9–33.
（単著）31＊ 「意識と我」，1985年（昭和60年3月），九州大学教養部，『テオリア』，第28輯，pp. 67–89.
（単著）32＊ 「観念の理論と感覚の問題（1）」，1987年（昭和62年12月），東京大学文学部，『論集 VI』，pp. 1–21.
（単著）33＊ 「観念の理論と感覚の問題（2）」，1988年（昭和63年3月），東京大学文学部，『論集 VII』，pp. 1–28.
（単著）34 「因果関係と法則性」，1990年（平成2年3月），東京大学文学部，『論集 VIII』，pp. 1–52.
（単著）35 「原因の概念と法則の概念」，1991年（平成3年3月），東京大学文学部，『論集 IX』，pp. 1–31.
（単著）36＊ 「事実の概念が隠し持つもの」，1991年（平成3年3月），東京大学文学部，『文部省科学研究費共同研究報告』，pp. 15–20.
（単著）37＊ 「コンディヤックの記号論」，1991年（平成3年10月），哲学会，『哲学雑誌』，第106巻・第778号，pp. 59–82.
（単著）38＊ 「記号における運動の発見」，1992年（平成4年3月），東京大学文学部，『文部省科学研究費共同研究報告』，pp. 29–38.
（単著）39 「知覚の時間」，1992年（平成4年3月），東京大学文学部，『論集 X』，pp. 1–55.
（単著）40＊ 「生命と意識」，1992年（平成4年8月），青土社，『現代思想』，第20巻・第8号，p. 67–79.
（単著）41 「固定された内容を持つ記号——記号の3種（1）」，1993年（平成5年3月），東京大学文学部，『論集 XI』，pp. 1–49.
（単著）42 「「差異」と「選び出し」，「構成」と「記号素材による建築およびモデル化」，「重なり合い及び無限反射」と「描像」——記号の3種（2）」，1994年（平成6年3月），東京大学文学部，『論集 XII』，pp. 1–48.
（単著）43 「『紅ハコベ』について——言葉の描く力——」，1994年（平成6年3月），東京大学文学部，『文部省科学研究費共同研究報告』，pp. 17–46.
（単著）44 「病む体の関係性」，1994年（平成6年11月），青土社，『現代

思想』，第22巻・第11号，pp. 138-151.
（単著）45＊ 「生命科学の方法論とこれからの生命論――メタバイオティクス研究の立ち上がりに寄せて――」，1997年（平成9年3月），東京大学文学部，『論集XV』，pp. 1-58.
（単著）46 「言うことと行うこと」，1997年（平成9年3月），東京大学文学部，『文部省科学研究費共同研究報告』，pp. 1-24.
（単著）47 「人に特有な力について」，1997年（平成9年3月），東京大学文学部，『文部省科学研究費共同研究報告』，pp. 1-13.
（単 著）48 「Periphery and Individuals」，1997年（平成9年6月），ISSL『SYSTEM LIFE』，pp. 51-66.
（単著）49＊＊ 「食の無駄の発生の論理」，1999年（平成11年2月），味の素 食の文化センター，『vesta』，No. 33，pp. 8-15.
（単著）50＊ 「19世紀フランスへのスコットランド哲学の流入」，2000年（平成12年3月），日本イギリス哲学会，『イギリス哲学研究』，第23号，pp. 5-20.
（単著）51 「知識と技術」，2000年（平成12年3月），東京大学文学部，『文部省科学研究費共同研究報告』，pp. 28-34.
（単著）52 「人の社会の秩序をつくるもの」，2000年（平成12年3月），東京大学文学部，『論集XVIII』，pp. 1-39.
（単著）53 「おとぎ話が教えてくれること」，2001年（平成13年3月），東京大学文学部，『論集XIX』，pp. 1-43.
（単著）54＊＊ 「食べることと生きること」，2001年（平成13年10月），光琳，『食の科学』，No. 284，pp. 62-68.
（単著）55＊＊ 「食べることとエネルギー」，2001年（平成13年11月），光琳，『食の科学』，No. 285，pp. 61-69.
（単著）56＊＊ 「食物の安定的入手」，2001年（平成13年12月），光琳，『食の科学』，No. 286，pp. 82-91.
（単著）57＊＊ 「味覚についてI 知覚――感覚連関の中における味覚の位置」，2002年（平成14年1月），光琳，『食の科学』，No. 287，pp. 62-76.
（単著）58＊＊ 「味覚についてII 味の濃さとその表現」，2002年（平成14年2月），光琳，『食の科学』，No. 288，pp. 72-82.
（単著）59＊＊ 「味覚についてIII① 味を分類するとは」，2002年（平成14年3月），光琳，『食の科学』，No. 289，pp. 83-91.
（単著）60＊＊ 「味覚についてIV 味の種類――特に基本味という考え」，

2002 年（平成 14 年 4 月），光琳，『食の科学』，No. 290，pp. 79–86.
（単著）61＊＊ 「味覚についてⅤ　欲求という背景」，2002 年（平成 14 年 5 月），光琳，『食の科学』，No. 291，pp. 78–87.
（単著）62＊＊ 「食のメッセージ」，2002 年（平成 14 年 6 月），光琳，『食の科学』，No. 292，pp. 74–81.
（単著）63 「見えない流れ」，2002 年（平成 14 年 7 月），秋田今野商店，『温古《ママ》知新』，No. 39，pp. 22–29.
（単著）64＊＊ 「衣食住というときの食の位置」，2002 年（平成 14 年 7 月），光琳，『食の科学』，No. 293，pp. 72–80.
（単著）65＊＊ 「食をめぐる諸問題」，2002 年（平成 14 年 8 月），光琳，『食の科学』，No. 294，pp. 68–78.
（単著）66＊＊ 「食事の時間」，2002 年（平成 14 年 9 月），光琳，『食の科学』，No. 295，pp. 77–85.
（単著）67 「評価と秩序形成」，2003 年（平成 15 年 10 月），西日本哲学会，『西日本哲学年報』，11 号，pp. 125–149.
（単著）68 「習慣と制度——行動における知識と規範の安定化」，2006 年（平成 18 年 3 月），東京大学文学部，『文部省科学研究費共同研究報告』，pp. 7–15.
（単著）69 「生じることと生じさせることとの間」，2008 年（平成 20 年 3 月），東京大学文学部，『論集 XXVI』，pp. 1–20.
（単著）70 「食の哲学地図からみた健康食品」，2010 年（平成 22 年 3 月），東京大学文学部，『科学研究費補助金報告』，pp. 16–29.

その他

小　論

（単著）71 「行為の限定の論理」，1986 年（昭和 61 年 1 月），創文社，『創文』，第 263 号，pp. 1–5.
（単著）72 「ミシェル・アンリの生の哲学」，1986 年（昭和 61 年 2 月），東京大学出版会，『UP』，第 160 号，pp. 18–21.
（単著）73 「言語・行為・志向性」，1988 年（昭和 63 年 3 月），東京大学文学部，『文部省科学研究費共同研究報告』，pp. 8–10.
（単著）74 「『スピリチュアル』とは——健康の概念との関連で」，1999 年（平成 11 年 11 月），光琳，『食の科学』，No. 261，pp. 5–7.

(単著) 75 「文化としての弁当」, 2006 年 (平成 18 年 5 月), 味の素 食の文化センター, 『vesta』, No. 62, pp. 4043.
(単著) 76 「情報の海という人工世界の中で」, 2007 年 (平成 19 年 5 月), 学文社, 『人間はどこにいくのか』, pp. 228-232.
(単著) 77 「脱自然化する食と農の真似事」, 2008 年 (平成 20 年 11 月), 環境思想・教育研究会, 『環境思想・教育研究』, 第 2 号, pp. 3-7.

その他

取 材

(単著) 78 「絆——小学校分校があった村」, 2006 年 (平成 18 年 3 月), 跡見学園女子大学, 『「或る日本人の暮らし」に見る日本人の生活様式の変化』, pp. 96-103.
(単著) 79 「地域への情熱——町議九期 合併後も走り続ける」, 2006 年 (平成 18 年 3 月), 跡見学園女子大学, 『「或る日本人の暮らし」に見る日本人の生活様式の変化』, pp. 164-171.

*の論文は, 5, 6 の著書に収録.
**の論文は, 大幅に書きなおして 2 の著書に収録.

松永澄夫 (まつながすみお)
1947 年生まれ. 1966 年東京大学理科一類入学, 1968 年理学部生物化学科進学, 1970 年文学部哲学専修課程転学, 1971 年文学部哲学専修課程卒業. 1973 年東京大学大学院修士課程修了, 1975 年東京大学大学院博士課程中途退学. 関東学院大学文学部専任講師, 1978 年同助教授. 1979 年九州大学教養部助教授. 1985 年東京大学文学部助教授, 1993 年同教授, 2010 年定年退任, 現在, 立正大学文学部教授. 2008 年共編『哲学の歴史』で毎日出版文化賞受賞.

哲学という地図　松永哲学を読む

2010年8月15日　第1版第1刷発行

編著者　檜《ひ》垣《がき》立《たつ》哉《や》
村《むら》瀬《せ》鋼《こう》

発行者　井村寿人

発行所　株式会社　勁《けい》草《そう》書房

112-0005 東京都文京区水道2-1-1　振替 00150-2-175253
（編集）電話 03-3815-5277／FAX 03-3814-6968
（営業）電話 03-3814-6861／FAX 03-3814-6854
三秀舎・青木製本

哲学という地図
松永哲学を読む

2016年6月1日　オンデマンド版発行

編著者　檜　垣　立　哉
　　　　村　瀬　　　鋼

発行者　井　村　寿　人

発行所　株式会社　勁《けい》　草《そう》　書　房

112-0005 東京都文京区水道 2-1-1　振替　00150-2-175253
（編集）電話 03-3815-5277／FAX 03-3814-6968
（営業）電話 03-3814-6861／FAX 03-3814-6854
印刷・製本　（株）デジタルパブリッシングサービス http://www.d-pub.co.jp

AJ702

ISBN978-4-326-98224-0　Printed in Japan